Do que falamos quando falamos de
POPULISMO

THOMÁS ZICMAN DE BARROS
E MIGUEL LAGO

Do que falamos quando falamos de
POPULISMO

COMPANHIA DAS LETRAS

Copyright © 2022 by Thomás Zicman de Barros e Miguel Lago

Grafia atualizada segundo o Acordo Ortográfico da Língua Portuguesa de 1990, que entrou em vigor no Brasil em 2009.

Capa
Alceu Chiesorin Nunes

Preparação
Alexandre Boide

Revisão
Clara Diament
Julian F. Guimarães

Dados Internacionais de Catalogação na Publicação (CIP)
(Câmara Brasileira do Livro, SP, Brasil)

Barros, Thomás Zicman de
 Do que falamos quando falamos de populismo / Thomás Zicman de Barros, Miguel Lago. — 1ª ed. — São Paulo : Companhia das Letras, 2022.

 ISBN 978-65-5921-124-1

 1. Ciências políticas 2. Populismo I. Lago, Miguel. II. Título.

22-121280   CDD-324.213

Índice para catálogo sistemático:
1. Populismo : Ciências políticas 324.213

Eliete Marques da Silva – Bibliotecária – CRB-8/9380

[2022]
Todos os direitos desta edição reservados à
EDITORA SCHWARCZ S.A.
Rua Bandeira Paulista, 702, cj. 32
04532-002 — São Paulo — SP
Telefone: (11) 3707-3500
www.companhiadasletras.com.br
www.blogdacompanhia.com.br
facebook.com/companhiadasletras
instagram.com/companhiadasletras
twitter.com/cialetras

SUMÁRIO

Introdução: UMA PALAVRA
PARA MUITOS SENTIDOS 7

A HISTÓRIA DO POPULISMO NO BRASIL........ 23

LULA E BOLSONARO SÃO
REALMENTE POPULISTAS?.................. 85

Conclusão: A FORÇA DO POPULISMO 137

Agradecimentos 145
Notas 147

INTRODUÇÃO
UMA PALAVRA PARA MUITOS SENTIDOS

UM ESPECTRO RONDA O MUNDO:
O ESPECTRO DO POPULISMO

"Eu quero um Brasil sem covid, sem Bolsonaro, sem Lula e livre do populismo." Esses são os dizeres de um outdoor[1] montado em Uberaba (MG) pelo movimento político Livres, em setembro de 2021, que foi muito veiculado nas redes sociais. Deixando claro o sentimento de repúdio dos autores da peça publicitária, os rostos de Jair Messias Bolsonaro (à direita) e Luiz Inácio Lula da Silva (à esquerda) aparecem rabiscados. A mensagem não poderia ser mais eloquente: em primeiro lugar se deseja um Brasil sem covid-19 — isto é, um Brasil saudável, sem pandemia, sem doença, sem vírus. Do vocabulário da saúde logo se passa para o da política, com o termo "sem Bolsonaro" equivalendo ao "sem covid" — ou seja, o atual presidente da República comparado a uma doença. A mensagem reforça o mesmo tom quando se agrega à frase o "sem Lula" — o ex-presidente da República, que recuperou seus direitos políticos em março de 2021 e se tornou um forte candidato na disputa pelo Palácio do Planalto, seria um mal equivalente a Bolsonaro e à pandemia. O anúncio é coroado pela palavra "livre", no duplo sentido: no literal — de gozo de liberdade ou da vida em liberdade — e no figurado de se desvencilhar do grande mal, que sintetiza todos os males prévios: o populismo!

A ideia veiculada no cartaz de Uberaba ganha mais relevância quando consideramos o vulto das duas figuras a que se refere. Nos últimos anos, ficou claro que Lula e Bolsonaro são as principais lideranças em termos de mobilização da sociedade. O lulismo e o bolsonarismo surgiram, cada um a seu tempo, como as maiores forças políticas do país neste século. Se de fato essas duas tendências que hegemonizam a disputa política brasileira representarem perigos gêmeos, uma ameaça populista compartilhada, pode parecer uma situação preocupante.

Mas o que seria esse tal "populismo", essa patologia tão perigosa? Basta uma rápida consulta aos noticiários para vermos como o termo está na moda. Fala-se muito de "populismo", no mundo todo. Há uma "pandemia" de "populismo" na imprensa, para seguir com as metáforas médicas. Todos os anos, o tradicional Dicionário Cambridge, uma das principais referências da língua inglesa, seleciona uma palavra do ano. Para o ano de 2017, a selecionada foi *populismo*.

Apesar de sua ampla disseminação, no entanto, o sentido do termo continua vago. A sensação é a de que o espectro do "populismo" ronda o planeta, mas parece difícil saber exatamente a que ou a quem essa palavra se refere. É claro que "populismo" está na moda por conta do sucesso eleitoral de figuras como Donald Trump, ou da escolha em plebiscito popular pela saída da Grã-Bretanha da União Europeia. Contudo, o termo também aparece para rotular políticos de esquerda. De Bernie Sanders a Donald Trump, de Boris Johnson e Nigel Farage a Jeremy Corbyn, do Podemos espanhol ao Vox, de Jean-Luc Mélenchon ao clã Le Pen, de Carlos Menem ao casal Kirchner, de Gabriel Borić a José Antonio Kast, de Pedro Castillo à família Fujimori, passando por Hugo Chávez, Evo Morales, Rafael Correa, López Obrador, Pepe Mujica, Aléxis Tsípras, Nicolas Sarkozy, Viktor Orbán, o Movimento Cinco Estrelas, a Liga Norte, Volodymyr Zelensky e até Vladímir Pútin — todos foram tachados de "populistas" em algum momento. Mesmo manifestações sem líderes designados — como Occupy Wall Street nos Estados Unidos e os Indignados na Espanha em 2011, os Coletes Amarelos na França em 2018 e os jovens que tomaram as ruas do Chile em 2019 — também receberam a alcunha.

Em um escopo mais amplo, a palavra já foi usada por acadêmicos respeitados para se referir a Margaret Thatcher e Mao Tsé-tung. Para aumentar a confusão, Barack Obama e Emmanuel Macron chegaram a se reivindicar "populistas" em entrevistas.

O uso de uma mesma palavra para designar figuras tão distintas nos faz pensar em que medida "populismo" não virou uma simples ofensa. Não há como entender os sentidos do termo populismo sem compreender quem são aqueles que o enunciam. A acusação de populismo pode ser um recurso retórico efetivo para rebaixar o adversário. O teórico argentino Ernesto Laclau define esse tipo de termo como "significante vazio" de tipo negativo — uma palavra de sentido vago, mas que sintetiza tudo o que há de ruim.[2] O discurso antipopulista se estrutura de tal forma que parece seguir a máxima: "tudo o que eu não gosto é populismo". Em muitos momentos, aparece como sinônimo de demagogia, manipulação, cinismo, irracionalidade, autoritarismo, radicalismo, extremismo, personalismo, negacionismo científico, pós-verdade, conspiracionismo, irresponsabilidade fiscal, estatismo, clientelismo, corrupção, grosseria, agressividade, intolerância, selvageria, pânico moral, simplismo — e às vezes tudo isso ao mesmo tempo. O termo é amplo o suficiente para ser aplicável sem rigor a qualquer adversário, e polissêmico o bastante para designar qualquer característica condenável. Usada de maneira indiscriminada, a palavra é tão problemática que devemos nos perguntar se o próprio discurso antipopulista não estaria permeado de demagogia e manipulação — e, seguindo seus próprios critérios, "populismo".

AS FALSAS SIMETRIAS

No caso brasileiro, temos um exemplo claro de outro expediente a que a palavra "populismo" se presta. Como foi feito no outdoor em Uberaba, esse termo serve para criar uma simetria entre Lula e Bolsonaro — que, como veremos, é falsa até a raiz.

A ideia principal reproduzida no anúncio publicitário exibido em Uberaba é a de que o populismo é uma doença e que Bolsonaro e Lula são ambos opções indesejáveis e similares. Não é de admirar que uma peça de propaganda transmita uma mensagem tão simplista e tão reducionista de um fenômeno político. Essa é a linguagem desse tipo de material. Surpreende, no entanto, que os comentários de jornalistas e políticos, ao se apropriarem do termo, sigam uma acepção tão rasa quanto a do outdoor. Grandes empresas de comunicação costumam publicar editoriais com afirmações nessa mesma linha: "bolsopetismo em festa", "único caminho para derrotar o populismo", "uma escolha muito difícil", entre tantas outras.[3]

O recurso a esse artifício retórico tem motivação política. A prática de estabelecer paralelos entre Lula e Bolsonaro começou a ser usada nas eleições de 2018, em especial entre os apoiadores do candidato Geraldo Alckmin, então no PSDB. Em um primeiro momento, o objetivo era desacreditar Bolsonaro diante do eleitorado. Em 2018, a hostilidade ao PT estava em alta. Em abril de 2018, o ex-presidente Lula foi condenado e preso em um processo que, de acordo com o Supremo Tribunal Federal (STF), foi eivado por abusos judiciários. Nesse ambiente, o ódio visceral que Bolsonaro encarnava o tornava o mais convincente antipetista — e não à toa ele obteve a preferência desse eleitorado. Ao compará-lo a Lula, o objetivo era desacreditá-lo diante dos eleitores refratários ao petismo e tirá-lo do segundo turno. Nesse esforço, o termo "populismo", e em especial as referências ao populismo "chavista", funcionou como uma maneira de aproximar Bolsonaro e o petismo — como se ambos fossem transformar o Brasil numa Venezuela. A "venezuelização do Brasil", destino trágico e fantasioso que está presente no imaginário antipetista desde 2002, enfim se tornaria realidade não apenas por meio de uma nova vitória do PT, mas também com a de Bolsonaro.

Às vésperas da eleição, embora a associação entre bolsonarismo e petismo já se mostrasse totalmente inócua, com o candidato Bolsonaro crescendo a cada semana, e com o petista Fernando Haddad substituindo Lula e subindo para a segunda posição, ainda se insistia na promoção de um candidato do "centro" para evitar os dois perigosos "populistas". Até mesmo Fernando Henrique Cardoso, figura-chave da redemocratização do país e um dos símbolos da luta contra o regime militar, abraçou a tese dos "dois perigos".[4] Mesmo após a vitória eleitoral e os anos de Bolsonaro na Presidência, a associação ainda encontra eco entre setores da grande imprensa. Com a recuperação dos direitos políticos de Lula, o discurso volta à tona, outra vez para tentar sustentar uma candidatura alternativa aos dois principais candidatos.

O uso do termo "populismo" para sustentar uma falsa simetria se baseia em um recurso retórico antiquíssimo: o sofisma por associação, uma falácia indutiva que visa difamar ou fazer apologia através da associação. Um exemplo icônico do uso desse tipo de recurso é uma passagem da peça teatral O *rinoceronte*, de Eugène Ionesco, em que o autor vincula a chegada iminente do fascismo a uma sociedade que perdeu a capacidade de se comunicar. No começo da peça, pouco antes do início da onda fascista, dois amigos escutam um professor de lógica, claramente confuso, explicar para um senhor a noção de silogismo e dar como exemplo o seguinte: "Todos os gatos são mortais. Sócrates é mortal. Logo, Sócrates é um gato".[5]

No caso brasileiro, a falácia por associação funcionaria da seguinte maneira: "Bolsonaro tem um perfil muito parecido com o de Chávez. Lula foi aliado de Chávez. Logo, Lula e Bolsonaro são iguais". Ou ainda: "Bolsonaro interveio no preço do combustível. Lula promete rever a política de preços do combustível. Logo, Lula e Bolsonaro são iguais". A falácia por associação entre petismo e bolsonarismo como duas formas de "populismo" se tornou constante e recorrente no debate público. Essa estratégia também é um recurso clássico da retórica, a do *argumentum ad nauseam*, ou *ad infinitum* — isto é, da tentativa de convencimento pela repetição.

O silogismo que tomou conta de nosso debate público desde 2018 a partir da palavra "populismo" é quase tão absurdo quanto o narrado por Ionesco. Embora Lula e Bolsonaro apresentem de fato algum grau de populismo, rotular os dois como equivalentes significa ignorar o abismo que os separa. Na verdade, é difícil fazer uma comparação de Bolsonaro com qualquer outro chefe de Estado democraticamente eleito de nossa história. Mesmo antes de chegar à Presidência, sua carreira política já era marcada por defesas explícitas da tortura, da esterilização dos pobres e do controle populacional, por ameaças de fechar o Congresso e embargar o Judiciário, e pela propagação das maiores barbaridades homofóbicas, racistas e misóginas. Uma vez no poder, por diversas vezes Bolsonaro incitou sua militância contra parlamentares e juízes, foi de todo leniente, para não dizer conivente, com a propagação de um vírus mortal e isolou o país do restante do mundo — nada sequer remotamente próximo ao que fez o PT. Apesar de todas as justificadas críticas aos governos petistas, inclusive neste livro, a passagem do partido pela administração federal foi marcada pelo respeito — e em grande medida pela consolidação — das instituições da democracia liberal.

Usar o termo "populismo" para criar associações esdrúxulas não é uma prática exclusiva do Brasil, é claro. Nos Estados Unidos, tanto Donald Trump como Bernie Sanders foram tachados de populistas — muito embora sejam radicalmente diferentes —, pois convinha fortalecer uma candidatura menos radical dentro do Partido Democrata. Aproximar Sanders de Trump era uma boa tática no contexto da guerra interna entre a direita e a esquerda do partido nas primárias de 2020. Na França, o discurso que apresenta Jean-Luc Mélenchon como "o outro Le Pen" serve para descredibilizar a alternativa à esquerda a Emmanuel Macron.

Nenhuma eleição precisa se resumir a um plebiscito entre dois candidatos. A construção de candidaturas que busquem conquistar o eleitorado insatisfeito com as demais opções é normal, legítima e muitas vezes necessária. No entanto, a retórica que se vale do termo "populismo" para igualar políticos com diferenças profundas no que diz respeito ao compromisso com a democracia liberal é arriscada. Como ficou claro no caso brasileiro, além de ter sido ineficaz para alavancar outra candidatura, essa estratégia mostrou que produz outros efeitos — voluntários ou não. Já no segundo turno de 2018, o amálgama entre Bolsonaro e PT, em vez de servir como combustível para desidratar Bolsonaro junto ao eleitorado antipetista, só serviu para normalizá-lo. "Bolsonaro é populista. O PT é populista. Logo, Bolsonaro não será muito pior do que os governos petistas." Esse silogismo é um dos grandes trunfos da campanha bolsonarista. Esse tipo de recurso retórico reabilita o ex-capitão e confere às eleições das quais participa um aspecto de normalidade, escamoteando o caráter aberrante de sua candidatura. A partir do momento em que alguns de seus opositores o consideram *mais um* adversário, e não como *o* adversário a ser derrotado, sua força eleitoral aumenta. No mínimo, esse discurso contribuiu para que uma parcela significativa do eleitorado do centro e da direita moderada anulasse o seu voto. Em muitos casos, deu salvo-conduto para quem desejava votar em Bolsonaro, mas tinha vergonha disso.

A normalização de Bolsonaro como candidato também banaliza suas ideias e move o espectro político na direção da direita reacionária. Uma parte muito importante do processo político é a definição do que é considerado legítimo ou não no debate público. Um discurso é considerado hegemônico quando tudo aquilo que está fora de seu escopo soa absurdo. Em uma sociedade machista, por exemplo, é tido como inaceitável que as mulheres trabalhem fora ou tenham direito ao voto. Em uma sociedade racista, é visto como natural que negros e indígenas sejam cidadãos de segunda classe. Discursos hegemônicos precisam ser questionados o tempo todo. Mesmo na democracia liberal, existem grupos subalternizados — que não aderem ao discurso hegemônico e cuja entrada na esfera pública desestabiliza a vida social.[6] No contexto atual, os subalternizados são os excluídos, discriminados, aqueles aos quais a democracia liberal não atende. Questionar o discurso hegemônico pode servir para apontar os pontos cegos da democracia liberal de forma a incluir setores invisibilizados, estendendo suas promessas aos grupos subalternizados. Contudo, não é isso que ocorre no caso de Bolsonaro. O que ele faz é dar voz ao que Hannah Arendt chamava de "ralé", cuja inclusão na esfera pública não emancipa ninguém — pelo contrário, aprofunda o silenciamento dos grupos subalternizados e coloca em risco a própria existência da democracia liberal.[7] Falas como as que fazem apologia de golpes de Estado, que dez anos atrás eram inaceitáveis e se reproduziam apenas nas sombras, hoje são veiculadas e debatidas de forma aberta e corriqueira, quase como se o que pregassem fosse uma alternativa banal.

UMA HISTÓRIA E UMA DEFINIÇÃO

Nesse emaranhado de usos tão vagos e instrumentalizados, os especialistas não teriam algo a nos dizer? Os intelectuais não conseguiriam tomar distância das disputas políticas mais mesquinhas e nos explicar, afinal, o que é o populismo?

Sem dúvida, o interesse pelo populismo também é grande entre os analistas. Há uma avalanche editorial sobre o tema — um "hype" populista na academia, como alguns dizem. Apesar disso — e talvez justamente por causa disso —, o sentido desse termo permanece muito vago. Em meio à cacofonia, há acadêmicos segundo os quais "populismo" é um conceito essencialmente contestado, com definições imprecisas, não consensuais e de utilidade analítica questionável. De qualquer forma, essa confusão não é de hoje. Em 1967, alguns dos maiores estudiosos do populismo à época se reuniram em uma conferência em Londres em busca da exatidão para a aplicação do termo. Não houve consenso. Já naquela época, os grandes especialistas no tema entendiam que a palavra "populismo" era utilizada para se referir a fenômenos tão díspares que encontrar um núcleo comum a todos os seus usos seria um desafio de difícil resolução.

Neste livro, apresentamos uma definição de populismo que utilizaremos para estudar tanto o lulismo quanto o bolsonarismo. Mas o caminho que traçamos para chegar a essa definição é diferente do percorrido pela maior parte dos estudiosos. De saída, consideramos que, em vez de se debruçar sobre o que é o populismo, seria mais interessante estudar como essa palavra vem sendo usada como arma nas disputas políticas. Em outras palavras, para podermos definir o que é o populismo, precisamos antes analisar a história do termo "populismo", contextualizando-o politicamente.

Este livro é dividido em duas partes. No primeiro capítulo, dissecamos os diversos jogos de linguagem ao redor da palavra "populismo", sobretudo no Brasil, mostrando inclusive como as formulações intelectuais a respeito são indissociáveis dos debates políticos de cada época. Se não podemos estabelecer os sentidos do termo populismo sem entender quem são aqueles que o enunciam, isso também vale para os intelectuais.

Estudando os diversos usos da palavra "populismo", principalmente na história do Brasil, aprendemos que o termo nem sempre designou um mal político. Houve quem o reivindicasse com orgulho, como uma força que revigoraria a democracia liberal. Além disso, ao contextualizarmos o uso do termo, constatamos que o discurso antipopulista por muitas vezes teve uma motivação hostil à inclusão de setores subalternizados e que, mesmo quando o antipopulismo foi mobilizado pela esquerda, com frequência minimizava as vozes desses grupos.

Apenas a partir do estudo dos jogos de linguagem ao redor da palavra "populismo" que, no segundo capítulo, pudemos formular uma teoria desvinculada do caráter pejorativo associado ao termo, para transformá-lo em um instrumento útil para analisar a realidade — em especial o lulismo e o bolsonarismo. Nesse sentido, nosso estudo nos obrigou a formular uma definição de populismo que leva em conta mais complexidades do que o discurso hegemônico sobre o termo. Para nós, o populismo é uma questão de grau. A pergunta que fazemos quando analisamos um discurso político não é se ele é populista ou não, mas em que grau apresenta traços populistas.[8] Em uma interpretação próxima tanto de Ernesto Laclau quanto das abordagens que estudam o populismo como uma performance política — como uma teatralidade, mas sem o caráter negativo relacionado a noções como falsidade ou demagogia —, nossa definição leva em conta três traços do populismo: (1) o populismo envolve um discurso que opõe o "povo" às "elites", os "de baixo" contra os "de cima"; (2) o populismo é esteticamente transgressivo, irreverente, culturalmente "popular"; e (3) o populismo é uma força capaz de transformar instituições. Além disso, entendemos que não há um determinismo que explique as "causas" do populismo. Os três traços que definem movimentos populistas podem surgir nos mais diversos contextos, apelando aos mais diferentes públicos, porque se relacionam com uma vulnerabilidade que afeta todos nós.

No segundo capítulo, de acordo com os três traços que compõem nossa definição de populismo, constataremos que é possível dizer que tanto Lula quanto Bolsonaro são populistas em algum grau. Contudo, ao contrário do que afirmam os que usam o "populismo" para igualar os dois, entendemos que não há simetria possível entre lulismo e bolsonarismo. Ainda que por um lado apresentemos uma definição única de populismo, não consideramos possível falar de populismo no singular — o que existem são populismos, no plural. Cada um dos três traços do populismo aqui mencionados pode se manifestar de diversas maneiras, estabelecendo relações bem diferentes com a democracia liberal. O confronto entre "povo" e "elite" pode servir para mobilizar a "ralé" e criar bodes expiatórios, mas também para politizar setores subalternizados, levando-os a reivindicar seu lugar na democracia liberal. A estética transgressiva do populismo pode ser mero verniz para sustentar políticas excludentes, mas também uma consequência da entrada dos setores subalternizados em espaços a que antes não pertenciam. E, por fim, a transformação institucional pode ser empreendida para destruir a democracia liberal por dentro, mas também servir como base para reformar e até fundar novas instituições de forma a revigorar a democracia liberal. Nesse sentido, Bolsonaro e Lula podem ser populistas, mas, enquanto o populismo bolsonarista representa um risco para a democracia liberal, o lulismo se aproxima de um populismo inclusivo, que a fortalece.

A HISTÓRIA DO POPULISMO NO BRASIL

Em tempos recentes, a palavra "populismo" tem se tornado muito mais frequente no noticiário, porém as palavras não surgem do nada. As palavras, e sobretudo o significado que lhes atribuímos, têm uma história. Antes de nos debruçarmos sobre o populismo, é preciso compreender o contexto no qual esse termo entrou para o vocabulário dos brasileiros — afinal, embora hoje seja empregada com tanta naturalidade, ainda que com pouquíssimo rigor, essa palavra nem sempre fez parte da nossa linguagem corrente.

O objetivo deste capítulo é estudar a etimologia da palavra "populismo", sobretudo no Brasil. No entanto, o objetivo não é apenas realizar um estudo de história intelectual, concentrado somente em como grandes teóricos pensaram esse conceito. No caso de um termo tão controverso, é preciso levar em conta os diversos campos do conhecimento. Uma palavra pode ser escrita por um intelectual, por um jornalista, e usada por um político em um comício. Em nosso entendimento, todas essas diferentes esferas interagem entre si e se misturam — há intelectuais que escrevem para jornais e atuam em partidos políticos, jornalistas que viraram políticos, e assim por diante.[1]

Fica claro, portanto, que não basta ler o que diversos acadêmicos escreveram sobre populismo. É preciso se debruçar, por exemplo, sobre os jornais. Costuma-se dizer que o jornalismo é um rascunho tosco da história — e é verdade. Os jornalistas, ao relatarem o cotidiano, elaboram coletivamente uma historiografia de curtíssimo prazo. O uso de reportagens jornalísticas como fontes históricas pode ser problemático, claro. Se mesmo os historiadores mais criteriosos que estudam o passado longínquo sempre terão seus vieses — não existe história desinvestida de interesses e que não dialogue com o tempo presente do historiador —, os jornalistas são atores políticos, muitas vezes diretamente implicados nos fatos narrados. Toda análise empreendida a partir de material produzido pela imprensa deve ser cuidadosa, contextualizando os textos na linha editorial de cada veículo e atentando para o destaque que cada matéria recebe.[2]

Feita essa ressalva, o jornalismo serve como fonte primária quando o que se estuda não são exatamente os fatos, mas a forma como são narrados. E é isso o que nos interessa aqui — menos a retrospectiva factual de lutas políticas e mais o histórico do uso de uma palavra, das disputas em torno de um determinado termo.

Nosso estudo é fruto de uma pesquisa nos arquivos dos mais importantes jornais e revistas do Brasil no último século, com mais de 15 mil ocorrências dos termos "populismo" e "populista" sendo analisados e lidos com a devida atenção. Tentamos mostrar como os usos desses vocábulos enquanto arma política nos jornais e na política se relacionaram com os desenvolvimentos do populismo como conceito, com o objetivo final de esclarecer de onde veio essa palavra e quais são suas implicações para a democracia liberal.[3]

DOS RUSSOS AOS AMERICANOS

Antes de acompanharmos a evolução do uso da palavra "populismo" no Brasil, é preciso estudar seu aparecimento em outros países. Afinal, não se trata de uma criação brasileira. Sua origem remonta a tempos recentes. Se por um lado existem variações de termos como "democracia" e "ditadura" desde a Grécia Antiga e o Império Romano, datando de quase 2 mil anos, a palavra "populismo" é uma criação de mais ou menos 150 anos atrás.

Os primeiros a usar a palavra "populismo" foram os russos — ou, mais especificamente, os populistas da Rússia. Quando surgiu, o termo não tinha o tom pejorativo que muitas vezes atribuímos a ele hoje em dia. Os populistas russos se apresentavam com orgulho como tais. O populismo russo foi um movimento organizado a partir de 1861 por intelectuais de grandes cidades que se opunham ao regime repressivo dos tsares, e eram próximos de ideais socialistas e anarquistas. Ao contrário da tradição socialista marxista, que via na classe operária o caminho para a revolução, os populistas russos achavam que a libertação do país se daria pelas mãos dos camponeses, com os intelectuais urbanos mobilizando o campesinato para criar uma sociedade socialista. Foi ao redor desses ideais que se organizou, por exemplo, o partido Vontade do Povo, entre 1879 e 1883. A implacável repressão do regime tsarista, no entanto, impediu que os populistas participassem diretamente da vida política do país. É curioso notar, porém, que o populismo russo viria a ter uma importante influência sobre o marxismo, com o qual muitas vezes é contrastado. O próprio Karl Marx, já no final da vida, aprendeu russo para ler e discutir com autores populistas.[4] Além disso, apesar das críticas que Vladímir Lênin dirigiria ao romantismo ingênuo dos populistas, é inegável que as revoluções russas surgiram no caldo de cultura que o populismo legou à oposição ao tsarismo.

Algumas décadas depois de os russos começarem

a se referir a "populismo" pela primeira vez, a palavra reapareceria no outro lado do mundo, em inglês. Tratava-se do Partido do Povo, também conhecido como Partido Populista, fundado em 1892 nos Estados Unidos. Os populistas americanos também batiam no peito para reivindicarem o "populismo" para si. Em sua maioria, eram pequenos e médios agricultores que se viam como perdedores no processo de modernização do país. Enquanto as cidades prosperavam, esses produtores rurais estavam endividados e se sentiam deixados para trás. Para reverter a situação, a plataforma do partido propunha maiores gastos públicos e emissão de moeda. Os populistas americanos defendiam também uma redução da jornada de trabalho, uma reforma tributária progressiva, eleições diretas para senadores e a nacionalização dos setores ferroviário e de comunicações. Também buscavam uma união entre trabalhadores do campo e da cidade, assim como entre negros e brancos. Considerados radicais à sua época, apresentaram candidatos próprios às eleições de 1892, vencendo em quatro estados do Meio-Oeste do país. O Partido do Povo rachou já nas eleições de 1896, mas nesse processo muitos populistas se incorporaram ao Partido Democrata, no qual constituíram uma força política influente, com peso na escolha dos candidatos a presidente nos quinze anos que se seguiram.

Apesar de todas as suas diferenças, os populistas russos e americanos são exemplos interessantes por serem radicais à esquerda e reivindicarem para si o rótulo de "populistas", algo difícil de imaginar atualmente. Apesar da marca que deixaram na vida política da Rússia e dos Estados Unidos, com a virada do século a palavra "populismo" acabou abandonada. O termo se tornou peça de museu, associado a movimentos que não existiam mais.

Depois disso, o que restou da palavra "populista" acabou migrando do campo propriamente político para o campo da literatura, para se referir a um gênero literário. Foi na França que surgiu, então, o chamado "romance populista", expressão usada para classificar trabalhos literários que descreviam a vida das classes populares, dos mais pobres. Em 1931, foi criado inclusive o prêmio do Romance Populista, que anualmente laureava uma obra que falasse sobre os desvalidos, retratando o que se julgava ser uma "humanidade autêntica". A premiação existiu com esse nome até 2012, e chegou a ter grande relevância entre escritores. Jean-Paul Sartre, por exemplo, foi um de seus vencedores, em 1940.

DA DEMOCRACIA AO AUTORITARISMO

É consensual entre os especialistas que os anos 1950 testemunharam a aparição dos primeiros trabalhos propriamente acadêmicos sobre o populismo como fenômeno político, sobretudo no continente americano. No entanto, é curioso notar que essas formulações são em geral bastante críticas. Ao contrário dos historiadores que haviam avaliado as experiências populistas russa e americana como democráticas e emancipadoras, a partir do pós-guerra o termo passou a ser associado ao autoritarismo, quando não ao reacionarismo.

Nesse sentido, cabe insistir na importância de estudar o contexto em que uma teoria aparece. Nos Estados Unidos, por exemplo, autores como Edward Shils, Richard Hofstadter, Daniel Bell, William Kornhauser e Seymour Martin Lipset publicaram respectivamente em 1954, 1955, 1956, 1959 e 1960 trabalhos em que utilizavam o termo populismo para se referir à crença de que o povo é superior aos seus governantes, ou a uma democracia na qual a lei não é respeitada.[5] O objetivo profundo de todos, porém, era estudar o movimento de caça às bruxas liderado pelo senador americano Joseph McCarthy. A partir de janeiro de 1950, no auge da Guerra Fria, McCarthy começara uma campanha paranoica contra socialistas e ditos subversivos nos Estados Unidos, que tornava suspeitos quaisquer intelectuais ou ativistas que não fossem conservadores fanáticos. Para os acadêmicos, o apelo de McCarthy a um ressentimento popular, e a traços autoritários nas massas, teria suas raízes no que viam como um provincianismo retrógrado da tradição populista americana. Ficavam para trás os traços emancipadores do Partido do Povo, e o termo ressurgia envolvido em elementos conspiracionistas, que de fato existiam à margem do movimento, para condená-lo sem ressalvas.

Os autores citados se apoiavam na chamada "teoria da modernização" — que se inscreve em uma longa tradição intelectual que se reivindica como "iluminista". "Iluminismo", aqui, é entendido como a valorização da "civilização", do indivíduo racional, em oposição às massas, símbolo da "barbárie", da desrazão, do destempero, da irracionalidade. É nessa tradição que se funda a disciplina da "psicologia das massas", que as associa a "violência", "destruição", "irracionalidade", "declínio", "cegueira", "ferocidade", "erro", "primitivismo", "obscurantismo". Popular no pós-guerra, a teoria da modernização seguia essa linha e via o progresso capitalista como um processo linear, benigno e necessário, através do qual as sociedades tradicionais evoluem para se tornarem cada vez mais desenvolvidas, industrializadas, racionais, complexas e cosmopolitas. Sob essa perspectiva, tudo o que escapa ou resiste ao ideal de modernização capitalista — como o populismo, na visão desses autores — é tratado como uma anomalia, quando não uma patologia.

Nos anos que se seguiram aos trabalhos desses acadêmicos americanos, diversos pesquisadores questionaram essa abordagem para estudar o populismo. A associação entre o populismo histórico americano e o macarthismo, por exemplo, foi criticada por carecer de fundamento empírico. Vale ressaltar também que o próprio Hofstadter anos mais tarde criticaria o discurso que apresenta o populismo como um movimento de caipiras iludidos.[6] Contudo, apesar de problemática, essa tradição antipopulista americana teve influência no sul do continente. Na Argentina, por exemplo, o sociólogo ítalo-argentino Gino Germani utilizou esse prisma para analisar a ascensão e o primeiro governo de Juan Domingo Perón, entre 1946 e 1955. Após uma estadia nos Estados Unidos em 1956, durante a qual conhecera o trabalho de Lipset, Germani passou a usar a palavra populismo para descrever como o peronismo mobilizava sentimentos autoritários nas classes populares.[7]

Podemos entender parte do sucesso da teoria da modernização na América Latina pela cultura política da região. A oposição entre "civilização" e "barbárie", base da teoria da modernização, também compõe o mito fundador do pensamento político latino-americano. Como escreveu Domingo Faustino Sarmiento, político e intelectual argentino que viria a ser presidente do país no final do século XIX, em um clássico da literatura política da região, os latino-americanos estariam diante de uma questão inescapável: *"Ser ou não ser selvagem"*.[8] O que fica claro na América Latina, porém, é que o discurso que opõe "civilização" e "barbárie" tem forte substrato colonizador e racista. Mesmo após a independência, as elites intelectuais latino-americanas continuaram enxergando os países do Norte global, de maioria branca, como paradigma e ideal de desenvolvimento, progresso e cultura. Por sua vez, as populações de origem indígena e negra foram frequentemente retratadas como ignorantes, pouco sofisticadas, responsáveis pelo "caos", pelo "atraso" e pela "selvageria" típica dos colonizados do Sul, que seria preciso corrigir. Esse contexto cultural explica não só a força da teoria da modernização na América Latina, mas também por que por diversas vezes sustentou projetos demofóbicos na região. Afinal, se o "povo" não está pronto para a democracia liberal, se está infectado pela patologia do populismo, a única solução é sua tutelagem pela elite.

A mobilização do termo "populismo" no contexto da teoria da modernização sem dúvida influenciou a maneira como o conceito se desenvolveria no vocabulário político brasileiro, embora seja interessante notar que as primeiras formulações brasileiras a respeito foram praticamente simultâneas e até anteriores à publicação dos textos de Shils, Hofstadter, Bell, Kornhauser, Lipset e Germani.[9] Além disso, os primeiros trabalhos brasileiros são produto de um contexto local riquíssimo, que precisa ser estudado individualmente e em detalhe.

DA REPÚBLICA OLIGÁRQUICA À REPÚBLICA POPULISTA

Um levantamento nos principais jornais brasileiros do início do século XIX até o meio da década de 1940 revela a quase total ausência da palavra "populista". Vez ou outra, ela surge em uma notícia sobre o prêmio literário francês já mencionado. Em um dos poucos dicionários de português brasileiro existentes naquele tempo, o termo era descrito como referente a "certo gênero de romance em que se descreve com simpatia a vida do povo, dos humildes".[10] E só. O vocábulo "populismo", por sua vez, sequer constava nos dicionários da época.

Pode-se dizer que, na política, usar a palavra "populista" não fazia muito sentido. Há apenas duas exceções, que só merecem ser mencionadas para mostrar como foram efêmeras. Com a promulgação da Constituição de 1934, permitiu-se a organização de partidos estaduais. Nesse contexto, a palavra "populista" foi usada pouquíssimas vezes no noticiário, para se referir ao Partido Popular do Rio Grande do Norte e ao Partido Popular do Acre.[11] Tratava-se de duas pequenas agremiações regionais, e uma surgida em um dos territórios mais isolados do país. De toda maneira, a vida desses partidos estaduais seria curta, uma vez que Getúlio Vargas rasgaria a Constituição em 1937, instaurando o Estado Novo.

Em um contexto como esse, é inevitável questionar se a descrição que muitos fazem de Vargas como "populista" não seria uma atribuição a posteriori e, portanto, se é possível acusar de anacronismo quem define o Vargas do Estado Novo de líder populista. É verdade que certo grau de anacronismo é inevitável em qualquer análise histórica, pois sempre observamos o passado com as lentes do presente. Mas também é inegável que um estudo da história das ideias precisa colocar as palavras no seu devido contexto, relacionando-as com as questões políticas de cada época, até para entender melhor quais consequências podem ser relacionadas com os problemas atuais.

O que dizer então dos muitos historiadores que se referem ao quarto período republicano brasileiro, que vai da promulgação da Constituição de 1946 até o golpe militar de 1964, como a "República Populista"? Essa denominação não seria também anacrônica? Em outras palavras: os cidadãos brasileiros que viveram entre 1946 e 1964 consideravam fazer parte de uma república em que o "populismo" era um fenômeno relevante? Essa palavra era mesmo usada na época?

Ao que tudo indica, a expressão "República Populista" é mesmo retrospectiva. Pelo que se sabe, ela foi utilizada pela primeira vez por Celso Lafer, em 1971, em inglês. "República Populista" está presente no título de uma subseção de sua tese de doutorado sobre o governo Juscelino Kubitschek, defendida na Universidade Cornell, nos Estados Unidos.[12]

No entanto, o estudo da imprensa brasileira mostra que, ao contrário do que ocorreu até o meio dos anos 1940, o termo "populista" realmente passou a ser utilizado durante o quarto período republicano.[13] Nesse sentido, por mais que a expressão "República Populista" enquanto tal não fosse usada à época, é possível afirmar que uma ideia de "populismo", ainda que vaga, habitava a mente dos brasileiros naqueles anos. Da mesma forma, não é apenas justificável como correto, e quiçá necessário, ressaltar que Vargas após 1946 era um líder populista.

DO INTEGRALISMO AO COMUNISMO

Curiosamente, quem usou a palavra "populista" no Brasil pela primeira vez foi a direita reacionária — no caso, os integralistas. Ou, para sermos mais precisos, o Partido de Representação Popular (PRP). Com o fim da Segunda Guerra, os fascistas da Ação Integralista Brasileira, liderados por Plínio Salgado, precisaram se reinventar. Não era mais viável defender uma versão nacional dos regimes autoritários e organicistas de Mussolini ou de Hitler. Assim, sob a Constituição de 1946, os antigos integralistas renomeiam sua agremiação, e passam a se referir a si mesmos como "populistas".[14] Com os modelos fascista e nazista saindo de moda, porém, nem a repaginada dos integralistas salvou o PRP do declínio. Não foi com eles, portanto, que o "populismo" se tornaria de fato popular.

Na verdade, entre 1946 e 1948, o termo aparece pontualmente, e de forma sempre muito vaga, em jornais conservadores para designar políticos de campos adversários. Em 20 de dezembro de 1946, por exemplo, a palavra surge em um artigo anônimo do diário *O Jornal*, principal periódico do grupo Diários Associados, do magnata das comunicações Assis Chateaubriand. O texto acusa Vargas e Hugo Borghi, um dos seus aliados mais eloquentes, de praticarem "demagogia populista".[15]

Nesses anos, essa terminologia aparece de vez em quando pela caneta de jornalistas consagrados. Em 1946, o ferino conservador Carlos Lacerda, por exemplo, acusa uma vez o Partido Comunista Brasileiro (PCB) de ser populista e demagógico.[16] Em 1947, comenta de passagem que os populistas roubam e enganam o povo.[17] Entre 1947 e 1948, José Eduardo Macedo Soares, outra figura de proa do jornalismo brasileiro da época, proprietário do *Diário Carioca*, dedicaria algumas colunas para atacar seu desafeto político Adhemar de Barros, o controverso governador de São Paulo, tachando-o de "sórdido populista" e demagogo.[18] Por fim, não se pode ignorar duas colunas de opinião do próprio Assis Chateaubriand. Também pouco simpático a Adhemar de Barros, vez ou outra Chateaubriand se utilizava de seus jornais para assinar artigos acusando o governador paulista de ser um perigoso populista.[19]

Foi Murilo Marroquim, destacado colunista político dos diários de Chateaubriand, quem mais disseminou a palavra ao longo dos anos. No entanto, se a falta de clareza no significado da palavra permanece até hoje, entre 1946 e 1948, Marroquim deixava evidente o caráter ainda mais vago do termo àquela altura. Em 21 de junho de 1946, por exemplo, a palavra era estranhamente associada à União Democrática Nacional (UDN), que nos anos seguintes se firmaria como o partido da classe média urbana, com um discurso conservador, moralista e precisamente hostil ao "populismo".[20] Marroquim, porém, argumentava que as propostas sociais da UDN seriam "políticas populistas", e num bom sentido. Para ele, ser populista era diferente de ser extremista. Dois dias depois, o "populismo" voltava a surgir, aparentemente com outra conotação. Marroquim afirmava que o sucesso do PCB e do Partido Trabalhista Brasileiro (PTB) de Vargas entre as massas levaria outros partidos a defenderem "políticas populistas".[21] Mais de um ano depois, em novembro de 1947, o jornalista dedicaria quatro colunas para associar Vargas a Luiz Carlos Prestes, secretário-geral do PCB, referindo-se aos dois como perigosas "forças populistas".[22] Por fim, em 1948, Marroquim inseriu Adhemar de Barros nesse mesmo ameaçador balaio.[23]

Até o fim de 1948, entretanto, esses usos eram de fato raros e inconsistentes. Isso mudou entre janeiro e março de 1949. Era início da pré-campanha para as eleições de 1950, e o ex-presidente Vargas, que ficara recluso em uma fazenda de sua família no Sul do país, começava a preparar seu retorno triunfal à cena política. Seu plano era se candidatar à Presidência em uma virtualmente imbatível coalizão entre o PTB e o Partido Social-Progressista (PSP), de Adhemar de Barros. Hostis a Vargas e a Adhemar, Chateaubriand e Marroquim começaram a atacar sistematicamente uma possível aliança entre os dois líderes.

Chateaubriand foi o primeiro a indicar os perigos de políticas populistas.[24] Marroquim, por outro lado, pensava em possíveis estratégias para barrar Vargas e Adhemar.[25] Suas colunas pressionavam os demais partidos políticos a se aliar para fazer frente à "onda populista". Em outros textos, Chateaubriand e Marroquim afirmavam que os partidos populistas — PTB e PSP — estariam infiltrados por comunistas e elementos "totalitários", outra palavra bastante controversa.

DA IMPRENSA AOS POLÍTICOS

A partir da imprensa, a palavra "populismo" foi incorporada pelos políticos. Pode-se afirmar que há uma data central na entrada desse termo no vocabulário dos políticos brasileiros: 20 de março de 1949.

Assim como Chateaubriand e Marroquim, no começo de 1949 o presidente Eurico Gaspar Dutra estava inquieto. Eleito com o apoio de Vargas em 1946, mas depois rompido com o ex-ditador, Dutra temia um retorno do prócer do PTB ao poder. Sobretudo, antevia — e com razão — que a possível aliança entre Vargas e Adhemar venceria com folga nas urnas. Como não havia segundo turno e os demais partidos se encontravam fragmentados, a soma dos votos dos eleitorados de PTB e PSP tinha mesmo tudo para deixar os adversários sem nenhuma chance de vitória.

A única esperança de Dutra seria a união das forças hostis a Vargas. Notadamente, ele vislumbrava um acordo entre o Partido Social Democrático (PSD), do qual Dutra fazia parte, e a UDN. Na tentativa de costurar tal aliança, em 20 de março, convidou o governador udenista de Minas Gerais, Benedito Valadares, para um encontro na residência de verão da Presidência, o Palácio Rio Negro, em Petrópolis.

No encontro, segundo o jornal *Diário da Noite*, Dutra apresentou a origem do problema da sucessão, esboçando o chamado "Esquema de Petrópolis".[26] Tratava-se, na verdade, de uma tabela de duas colunas, em que Dutra dividia os partidos brasileiros. De um lado, estavam os "democrático-conservadores" — basicamente, o PSD e a UDN. Do outro, os "populistas" ou "hostis ao regime" — balaio no qual entravam o PTB, o PSP e resquícios do já então clandestino PCB, jogado na ilegalidade alguns anos antes. Dutra apresentava os "populistas" como uma ameaça à democracia, contra a qual todas as outras forças deveriam se unir.

Contudo, entre o plano de Dutra para barrar os "populistas" através de alianças e uma composição efetiva entre PSD e UDN havia diversos obstáculos. Apesar da hostilidade compartilhada a Vargas, PSD e

UDN eram adversários históricos em estados importantes — notadamente em Minas Gerais. Logo de início, portanto, ficou claro que uma união de forças antipopulistas só sairia do papel se um "acordo mineiro" fosse celebrado entre PSD e UDN.[27] Dutra e Valadares encarregaram o jovem político udenista mineiro Pedro Aleixo de construir pontes entre os partidos.

Sobretudo em política, porém, nenhuma movimentação ocorre sem que os adversários também se reposicionem. Diante das tratativas entre PSD e UDN, um político entrou em campo para melar o acordo: o já citado Adhemar de Barros.

Adhemar de Barros fora em grande medida uma criação política de Getúlio Vargas. Em 1938, um ano após o golpe do Estado Novo, Vargas procurava alguém para ser governador-interventor de São Paulo. De preferência, o presidente queria um político desconhecido, fraco, que não melindrasse a oligarquia estadual, mas que também não pudesse fazer frente a ele em um dos mais importantes estados do país. O nome de Adhemar de Barros surgiu como último de uma lista apresentada ao presidente por líderes paulistas que haviam aderido a Vargas. Era, sem dúvida, o menos expressivo. No entanto, uma vez no poder, soube utilizar a máquina estadual para realizar diversas obras e implementar políticas bem aceitas pela população, estabelecendo sua própria liderança no estado. Seguiu à frente do governo até 1941, quando foi derrubado em meio a acusações de corrupção fartamente documentadas.[28]

Com a redemocratização, Adhemar de Barros se converteu em um político carismático e bonachão, de grande apelo popular. Em 1947, se aliou aos comunistas e utilizou a base eleitoral do PCB para voltar ao governo de São Paulo, dessa vez pelo voto popular. Na ocasião, chegou inclusive a fazer comícios com Prestes. Ao chegar ao poder, no entanto, traiu o PCB e apoiou o banimento do partido para a ilegalidade, na esperança de tomar para si as cadeiras dos comunistas no parlamento e o seu apoio popular entre as massas.

Mais uma vez comandando a máquina do governo paulista, Adhemar de Barros tentava expandir sua influência para o resto do país. E foi através dessa máquina que, em 1949, passou a atuar para sabotar a possível aliança entre PSD e UDN que Pedro Aleixo tentava costurar. Adhemar aproveitou a oportunidade de criar um diretório estadual do seu PSP em Minas Gerais, com a intenção de promover o racha entre os demais grupos locais.[29] Para isso, enviou a Belo Horizonte um emissário, o político pessepista Marcelo Ulisses Rodrigues.

DA OFENSA À ACLAMAÇÃO

A tentativa de arranjo entre adversários históricos em Minas Gerais é o contexto em que a palavra "populista" começa a ser usada com mais frequência. Entre março e abril de 1949, o "populismo" entra na ordem do dia. Totalmente desprovido de profundidade conceitual, porém, o termo surgia apenas como um ataque, como uma forma de deslegitimar adversários. O político que certamente melhor entendeu a querela ao redor do populismo foi Alberto Pasqualini, do PTB. Descrito por muitos como o primeiro grande ideólogo do trabalhismo, Pasqualini foi cirúrgico ao ser perguntado por um jornalista sobre o que significava populismo, em 1º de junho de 1949. Em suas palavras, faltava "rigor" no uso do termo. E concluía: "Tenho a impressão de que o termo populismo está sendo empregado como um rótulo político pejorativo. Atrás dele, enxergam adversários políticos que se pretende combater, não propriamente ideias com as quais se está em oposição".[30]

Pasqualini estava absolutamente certo. Na época em que falava, porém, Marcelo Ulisses Rodrigues e sobretudo Adhemar de Barros já efetivavam uma importante transformação na maneira como o termo era utilizado.

Em 26 de abril de 1949, Marcelo Ulisses Rodrigues deu uma primeira resposta às acusações de populismo. Em um esperto movimento, rejeitou o caráter pejorativo do termo. Pelo contrário, Rodrigues abraçou a palavra. Para os jornais, declarou que o povo precisava de um candidato verdadeiramente populista como Adhemar de Barros, que representasse os pobres contra os ricos.[31] Estava dada a chave para uma alteração no sentido de "populismo" ou sua apropriação positiva.

Nos dias que se seguiram à fala de Rodrigues, Pedro Aleixo ainda dava entrevistas aos jornais alertando para o "perigo populista" de Adhemar de Barros. Em 7 de maio de 1949, por exemplo, Aleixo teria afirmado que "o populista é um tubarão que vive a explorar a miséria dos desgraçados".[32] Já reagindo às palavras de Rodrigues, porém, três dias mais tarde, em 10 de maio de 1949, Aleixo declararia à *Folha da Manhã* que na verdade rejeitava a divisão entre conservadores e populistas, e que a clivagem que de fato importava era entre democratas e inimigos da democracia. Além disso, segundo ele, políticos que se declaravam "populistas" na verdade seriam membros da elite que enganam o povo com falsas promessas.[33]

A mudança de postura de Aleixo mostra, contudo, que o impacto das palavras de Rodrigues havia sido sentido. Não por acaso, dois dias depois Adhemar de Barros reforçaria a adoção do "populismo", dessa vez na rádio. Sua família era proprietária da Rádio Bandeirantes — que, por sinal, ainda hoje pertence a seu neto, João Carlos Saad —, e, se aproveitando desse acesso privilegiado à casa de seus eleitores, às quintas-feiras Adhemar apresentava um programa ao vivo, chamado *Conversa ao Pé do Fogo*, no qual tentava se comunicar de forma simples e direta com seu eleitorado.

Foi precisamente em seu programa de rádio que, em 12 de maio de 1949, Adhemar de Barros aprofundou sua virada discursiva. Àqueles que o acusavam de "populista", ele retrucou dizendo que era populista mesmo. E acrescentou que, ao contrário do que afirmavam seus detratores, o populismo não é hostil à democracia, e sim a democracia em sua forma mais verdadeira. Seus adversários, ao contrário, seriam "políticos que vivem de política", "homens poderosos a serviço de interesses poderosíssimos" com a intenção de "dividir artificialmente o país". Em suas próprias palavras, reproduzidas no jornal *Diário da Noite*, ele afirmou que

> somos populistas, que é ser democrata no mais nobre e no mais moderno sentido da palavra democrata. Ser populista, para nós, é dar à função social do Estado uma amplitude que não teve até agora. É governar dando oportunidade a todos e procurando elevar cada

um, de acordo com as suas possibilidades, porém amparando, a cada um, de acordo com as suas necessidades. Para nós, isso é ser populista.[34]

Adhemar de Barros não apenas tentou puxar para si o termo "democrata", mas também buscou atribuir a seus detratores o rótulo de demagogos, "políticos de boca cheia de frases". Repercutindo a fala do governador paulista, Marroquim reforçou:

> [O populismo] é, ou será, um movimento de mangas de camisas, de visitas domingueiras ao eleitor desamparado do interior, de engenheiros abrindo estradas e arquitetos levantando modernos hospitais com centenas de leitos. Populismo, enfim, é política a serviço direto do povo, sem nenhum traço de demagogia. O governador demonstra um terrível horror à falsa demagogia, aquela que, segundo informa, está sendo usada pelos chamados democratas, pelo grupo que pretende cercar o populismo a arame farpado, pôr de joelhos os seus chefes e exterminá-los.[35]

A partir desse momento, a palavra "populismo" não apenas entrou no léxico político brasileiro de vez como adquiriu diferentes sentidos. Por um lado, conservadores continuavam afirmando que os populistas eram "trapaceiros da pior espécie" e "nova fauna de roedores infatigáveis, comendo as suas vítimas do corpo às vísceras, deixando-lhes por misericórdia apenas a carcaça", e apresentando a luta contra o populismo como "o contraste do bem contra o mal".[36] Por outro lado, a ideia de populismo como algo positivo, de apelo junto ao povo, ganhava fôlego. Num momento que hoje soaria inacreditável, em 7 de julho de 1949, chegou a haver uma acirrada discussão entre parlamentares integralistas e pessepistas sobre quem era verdadeiramente "populista". Os integralistas afirmavam, com razão, que a agremiação de Plínio Salgado fora a primeira a reivindicar esse termo, enquanto os adhemaristas diziam ser os mais fiéis ao populismo. O mais curioso de toda essa disputa, porém, é notar que foi apaziguada por um político da UDN, segundo o qual todos os partidos eram populistas, pois todos estavam ao lado do povo.[37]

DOS CONCHAVOS DA ELITE
À DEMOCRACIA DE MASSAS

Apesar de continuar havendo disputas marginais durante toda a década de 1950, com jornais como *O Estado de S. Paulo* insistindo em usar o termo de forma pejorativa, a palavra "populismo" claramente assumia uma conotação positiva. Sinal de que o populismo entrava na moda é o fato de que a própria chapa de Getúlio Vargas, formada com a união entre PTB e PSP, foi nomeada de "Frente Populista". E, concretizando os temores de Chateaubriand, Marroquim e Dutra, acabou por vencer as eleições de 1950. Vargas obteve quase 49% dos votos, contra uma oposição dividida entre o brigadeiro Eduardo Gomes, da UDN, e Cristiano Machado, do PSD, que ficaram com respectivamente 29% e 21% dos votos. Para a vice-presidência, o PSP conseguiu eleger o "populista" Café Filho, em uma disputa muito mais apertada.

Nesse contexto, mesmo a própria UDN e os jornais conservadores se mostravam inconsistentes. Por vezes, usavam a palavra "populismo" como ofensa. Em outras, porém, diziam que políticos como Vargas e Adhemar não seriam legítimos populistas, e sim demagogos. Em muitíssimos casos, "populista" aparecia inclusive entre aspas, para mostrar que os políticos que reivindicam o epíteto não o mereciam.

O sucesso do termo "populismo" se explica, em grande medida, por uma transformação profunda na política brasileira pós-1946. Contemporaneamente à entrada em vigor da nova Constituição, houve o crescente afluxo de massas urbanas na política nacional. As cidades brasileiras se expandiam com a chegada de migrantes vindos do interior, e esses cidadãos passavam a exercer o livre direito ao voto, escapando das práticas de cabresto do passado. Isso significava que, apesar de os conchavos palacianos continuarem a existir, não mais bastavam para reger a vida política nacional.

Era o surgimento de uma democracia de massas no Brasil. A partir desse momento, lideranças políticas carismáticas precisavam ser capazes de mobilizar grandes contingentes eleitorais, e é sobretudo nessa chave que se conforma a acepção dominante de populismo na época.[38]

Segundo Lafer, era isso que ele tinha em mente ao se referir à República Populista, captando o entendimento da época.[39] De fato, a palavra "populismo" foi dicionarizada em 1958, ainda para se referir a um "modo literário que busca os seus temas no povo e dele faz a matéria essencial do romance",[40] mas rapidamente assumiu sua dimensão política. O mesmo dicionário que no começo da década não continha o verbete descreveu o populismo na edição de 1961 como um brasileirismo, definindo uma "política baseada no aliciamento das classes inferiores da sociedade".[41] O verbete "populista", por sua vez, ganhou um complemento para além do gênero literário: "adepto do populismo".

Todavia, a definição dicionarizada de populismo mantinha o termo com significado fluido, pois pouco dizia sobre como essa mobilização popular era feita, ou sobre seu caráter democrático.

DO ANTIPOPULISMO À SEDUÇÃO POPULISTA DA UDN

Contextualizar em detalhes a vacilante adesão da UDN ao populismo pode ser útil para entender as ambiguidades da ideia de mobilização das massas.

Para começo de conversa, é importante deixar claro que a participação das massas na vida política brasileira produzia desconforto nas elites conservadoras. O incômodo vinha precisamente do risco de perda de controle representado pela democracia inclusiva em uma sociedade marcada por desigualdades profundas.

A UDN em particular utilizou três estratégias diferentes para fazer frente a essas transformações.[42] Uma primeira abordagem foi simplesmente atacar os "populistas". Apesar de a própria UDN representar muitos setores da elite e do empresariado que sempre viveram em uma simbiose incestuosa com a máquina pública — e de ter se aliado ao PSD, um partido cuja base era hostil a reformas do Estado —, um dos principais discursos udenistas era o do moralismo anticorrupção. O outro pilar, conforme identificado por Maria Victoria Benevides, era o medo fantasioso do comunismo, e de uma "proletarização igualitária", de uma igualização por baixo.[43]

Embora o discurso udenista até fosse capaz de inflamar as classes médias, não ganhava eleição — citando Benevides, era ruim de voto.[44] A segunda estratégia da UDN, então, era o flerte aberto e constante com projetos de golpe militar. De fato, a história do quarto período republicano — a República Populista — é a história da ameaça de golpes. Carlos Lacerda dava o tom do discurso golpista em 1º de junho de 1950: "O sr. Getúlio Vargas não deve ser candidato à Presidência. Candidato, não deve ser eleito. Eleito, não deve tomar posse. Empossado, devemos recorrer à revolução para impedi-lo de governar".[45]

Em certa medida, a ameaça de Lacerda foi concretizada em 1954. Acusando o governo de chafurdar num "mar de lama" — expressão originalmente usada pelo próprio Vargas — e afirmando que Vargas estaria envolvido de forma direta em um atentado frustrado contra a vida do próprio Lacerda, as pressões golpistas culminaram no suicídio do presidente. A segunda tentativa de golpe viria após a eleição de Juscelino Kubitschek, do PSD. Mesmo não sendo de um partido "populista", JK era visto como simpático ao getulismo e fora eleito numa aliança com o PTB. Seu vice-presidente era um herdeiro político de Vargas, o petebista gaúcho João Goulart. Em meio à agitação nos quartéis após as eleições, JK e Jango só puderam tomar posse graças ao marechal legalista Henrique Teixeira Lott, que desbaratou um ensaio de golpe.

Outras movimentações golpistas viriam nos anos

a seguir. No final do governo JK, porém, a UDN adotou momentaneamente uma terceira estratégia para fazer frente ao populismo. Com o sucesso político, mas também "linguístico-vocabular" do populismo, alguns udenistas passaram a defender que, em vez de se opor aos populistas ou tentar derrubá-los, era melhor se apropriar das armas do inimigo. Como noticiava a revista *Manchete* já em janeiro de 1958, o populismo se tornara uma "obsessão" na política brasileira: "Ganhará as eleições quem for mais populista", advertia a publicação.[46] Nesse contexto, a "sedução golpista" da UDN dá lugar à "sedução populista", segundo os termos usados por Benevides para se referir ao momento pelo qual o partido passava.[47] Se a UDN inicialmente se mostrava hostil ao populismo, afirmando por muito tempo ser um partido "popular" sem ser "populista",[48] setores dessa agremiação conservadora perceberam que apenas com o voto da classe média urbana não chegariam nunca ao poder. Era necessário um líder carismático que apelasse às massas.

Não se sabia ao certo, claro, o que significava ser um líder populista. Por um lado, havia uma leitura "sociológica" do populismo, inclusive próxima da existente nos dicionários da época. O próprio Marroquim usava a palavra "populista" para se referir não diretamente aos políticos, mas a segmentos da população, falando em "setores populistas" do eleitorado, aludindo aos mais pobres, aos menos favorecidos.[49] Seguindo essa leitura, alguns políticos da UDN entendiam que ser populista poderia significar defender certas demandas históricas desses setores, como a reforma agrária.

No entanto, sem perder de vista essa dimensão "sociológica", a análise de como a palavra "populismo" era empregada na época pelos udenistas deixa claro que havia outro significado implícito no ar, que comprometia menos o programa do partido. Nesse momento, o uso que a UDN fez do "populismo" se aproxima do que hoje em dia se define como teorias performativas do populismo. Essa escola, cujos expoentes são Pierre Ostiguy, Benjamin Moffitt e Théo Aiolfi, entende que o populismo não é uma ideologia, nem deve ser entendido sociologicamente. Para esses autores, o populismo envolve uma forma de performar a política. Existe certa teatralidade populista — não necessariamente no sentido de demagogia ou falsidade. O populista, sincero ou não, rompe com as regras estabelecidas do que é a política bem-comportada e, de acordo com essa abordagem, tem um estilo transgressor — como Adhemar de Barros, o populista é simples, bonachão, talvez até grosseiro.[50]

A escolha do candidato da UDN para as eleições de 1960 foi muito influenciada pela ideia de que sem alguém com apelo popular, que "populisticamente" se apresentasse como mais um na multidão, não haveria como levar as eleições contra a máquina de votos do PTB. Foi essa a motivação para o apoio ao excêntrico Jânio Quadros, então no marginal Partido Trabalhista Nacional (PTN), como candidato à Presidência. A ideia, é claro, era eleger um bufão que governasse segundo os interesses udenistas, ou que a UDN pudesse de alguma forma controlar.

DO ÁPICE AO DECLÍNIO

É no momento em que a própria UDN, o mais antipopulista dos partidos, aderiu abertamente a uma estratégia populista que o "populismo" entrou em crise. O fracasso do governo Jânio Quadros é de conhecimento público. Após a posse do novo presidente, a UDN passou rapidamente da euforia ao desespero. Afastada desde cedo do centro decisório de Jânio, a UDN jamais conseguiu de fato controlá-lo. Como Hélio Jaguaribe diria em 1961, a frustração com os rumos que a administração tomava deixou a direita enfurecida.[51] A malfadada tentativa de autogolpe de Jânio acabou acirrando ainda mais os ânimos em Brasília, ao alçar o vice-presidente João Goulart ao poder. O vice-presidente, que voltava às pressas de uma viagem à China maoista, só pôde assumir graças à Campanha da Legalidade do governador gaúcho Leonel Brizola, e num arranjo parlamentarista que por dois anos reduziria seus poderes constitucionais. Defensor de reformas de base, Jango era descrito não apenas como o líder "populista" do PTB, mas sobretudo como um perigoso agitador. Seu governo foi marcado por uma intensa mobilização sindical, estudantil e campesina, com grande número de greves e ocupações de terra.

Foi nesse momento que o "populismo" se viu órfão. Em meio às crises políticas que atravessavam o governo federal, o principal defensor do "populismo", Adhemar de Barros, mudou de estratégia política.[52] Para se afastar de Jango, deixou de se afirmar como "populista". Tentando surfar na onda conservadora de então — bancada em grande medida por enormes e suspeitas contribuições do Instituto Brasileiro de Ação Democrática (Ibad) —, o líder do PSP se aproximou de Carlos Lacerda, que a essa altura já havia deixado o jornalismo para entrar na UDN, sendo eleito governador do estado da Guanabara e visto como líder do partido pela opinião pública. Assim como Lacerda, Adhemar passou a adotar um discurso reacionário que acabaria por manchar a sua carreira.

Com o abandono do termo "populismo" por Adhemar, o próprio uso da palavra na imprensa se reduziu. Já com novo discurso, Adhemar de Barros venceu as eleições para o governo de São Paulo em 1962, com apoio de vários políticos udenistas. Em anos anteriores, nos períodos eleitorais em que Adhemar triunfava, e portanto tinha muita cobertura nas páginas dos jornais, via-se um aumento das ocorrências das palavras "populismo" e "populista". Em 1962, não foi o caso — pelo contrário, o populismo caiu em desuso.

Adhemar de Barros viria a se arrepender dessa estratégia logo após sua eleição para governador. Guinadas políticas têm seus custos. Por um lado, o governador entendeu que não conseguiria emplacar a imagem de conservador com facilidade. Sobretudo, jamais poderia concorrer de igual para igual com políticos historicamente de direita, como o próprio Lacerda, que via como adversário potencial para as nunca ocorridas eleições de 1965. Por outro lado, Adhemar compreendeu que sua virada conservadora alienara a parte dos seus eleitores que estavam mais à esquerda. Em uma entrevista de dezembro de 1963 à revista *Manchete*, apesar de manter seu anticomunismo, negou ser um político de direita. Conforme declarou: "Sempre fui um populista. Por isto caminhei ao lado do presidente Vargas. Fizemos juntos a campanha populista. Tenho horror aos reacionários".[53] No entanto, a tentativa de retomada da palavra "populismo" não teria muito sucesso. Cassado pelos militares em 1966, Adhemar morreu exilado em Paris em 1969.

Sem ninguém para defendê-lo ou reivindicá-lo, o populismo se tornou alvo fácil de ataques. Em 29 de outubro de 1963, o jovem jornalista Paulo Francis, em uma coluna no jornal *Última Hora*, discutiu a hipótese, muito disseminada à época, de que "o populismo chegou ao seu fim",[54] dando lugar a uma polarização ideológica entre direita e esquerda.

DA POLÍTICA À ACADEMIA

Conforme mencionado, jornalismo, política e academia interagem, e nenhum intelectual consegue pensar fora de seu contexto histórico. Nas humanidades, isso é especialmente verdadeiro. Um sociólogo ou um cientista político não formula suas teorias no vácuo. Eles se confrontam com as questões do seu tempo, e com as palavras usadas para discuti-las. Não foi diferente com as primeiras teorizações sobre o populismo no Brasil — que, por sinal, foram pioneiras no mundo.

Não é por acaso que o primeiro trabalho sobre populismo seja datado de 1954, quando o termo estava no centro dos principais debates nacionais — vale ressaltar que no mesmo ano surgiram as primeiras publicações americanas sobre o tema. Trata-se de um texto atribuído ao já citado Hélio Jaguaribe, que compunha um núcleo de intelectuais nacionalistas chamado Grupo de Itatiaia. O título do trabalho de Jaguaribe, publicado na revista *Cadernos do Nosso*

Tempo, não poderia deixar mais explícito o contexto de sua elaboração: o artigo se chama "O que é o ademarismo?". Jaguaribe deixa clara a influência do noticiário da época sobre sua obra. Conforme o autor comenta sobre o ademarismo, "a classificação que lhe convém já tem sido inúmeras vezes utilizada na linguagem corrente". Para ele, o ademarismo é um populismo, e de tipo reacionário e antinacionalista.[55] O que Jaguaribe buscava fazer era não apenas explicar a força eleitoral do governador paulista, mas entender academicamente o que seria o populismo de que tanto se falava naqueles anos, porém sem muita precisão.

Em termos intelectuais, várias influências estão implícitas no seu trabalho. Apesar de a relação entre Jaguaribe e o pensamento norte-americano merecer estudos mais aprofundados, a influência das teorias que comparam populismo e macarthismo parece clara quando Jaguaribe comparava Adhemar de Barros ao "populista" Joseph McCarthy.[56] A teoria de Jaguaribe sobre o populismo também foi notoriamente marcada pelo pensamento do filósofo espanhol José Ortega y Gasset e sua ideia de "homem-massa" — termo que designa um sujeito mimado, impulsivo, sem projeto e, sobretudo, incapaz de crítica.[57] Por fim, apesar de não citar os trabalhos de Marx, fica claro que a reflexão de Jaguaribe também foi influenciada pelo marxismo, ou ao menos guardava afinidades eletivas com essa tradição. Mais especificamente, Jaguaribe se aproxima das reflexões de Marx naquilo que se chama de "bonapartismo" e das ideias do intelectual e líder político marxista italiano Antonio Gramsci sobre o "cesarismo".

Próximo da interpretação marxista, Jaguaribe afirma que o populismo é um fenômeno de massa. Para Marx, massa é diferente de classe. Classes sociais são orgânicas e organizadas, têm interesses determinados, uma identidade clara. As massas, pelo contrário, são amorfas — um amontoado de gente, sem vínculos orgânicos ou consciência política. Portanto, precisam ser organizadas de cima para baixo, por um líder carismático.

O que ocorre no bonapartismo, no cesarismo e, segundo Jaguaribe, no populismo é um enfraquecimento das principais classes sociais do capitalismo. Segundo Marx, Luís Bonaparte chega ao poder na França num momento em que a burguesia estava politicamente enfraquecida, mas com o proletariado também sofrendo uma série de derrotas.[58] Nesse contexto em que, por assim dizer, a burguesia já perdeu, mas o proletariado ainda não ganhou, surge o que Gramsci chamaria de "sintomas mórbidos".[59] E um líder carismático pode chegar ao poder baseando-se não no apoio das classes sociais bem estabelecidas, mas na mobilização de uma massa — no caso, os camponeses.

Traduzindo esse esquema para a realidade brasileira do começo dos anos 1950, Jaguaribe afirmava que a burguesia do país havia perdido sua capacidade de liderança. Para o autor, as elites econômicas teriam abandonado qualquer projeto de industrialização e modernização do Brasil em favor de ganhos no mercado financeiro. Por outro lado, segundo sua análise, os operários urbanos brasileiros seriam muito fracos e desorganizados. Na verdade, a forte migração do interior para as grandes cidades teria formado um contingente de trabalhadores sem experiência sindical ou política. Os trabalhadores brasileiros formariam em sua maioria uma massa, não uma classe.

Para Jaguaribe, estavam dadas as condições para que um líder carismático manipulasse essa massa a seu bel-prazer. Esse seria o caso de Adhemar de Barros, mas Jaguaribe cita outros nomes, como Hugo Borghi. Apesar de tal descrição se adequar a Vargas — que se suicidaria poucos meses após a publicação do ensaio —, é curioso reparar no silêncio de Jaguaribe quanto a atribuir o rótulo de populista ao então presidente.

DA ACADEMIA À POLÍTICA

Se por um lado fica claro que o contexto político impacta as reflexões acadêmicas — como se viu, foi o uso corrente da palavra "populismo" que levou Jaguaribe a escrever sobre o assunto pela primeira vez —, o contrário também pode ser verdadeiro. As palavras ditas por jornalistas e políticos — e por jornalistas que se tornariam políticos — influenciam os intelectuais, mas os acadêmicos também podem pautar a imprensa e os políticos. Sobretudo os que também viraram políticos.

À primeira vista, a inovadora formulação de Jaguaribe não teve efeitos imediatos sobre os debates acerca de populismo fora da academia. Com a crise da República Populista, porém, essas ideias voltariam com força à arena política.

Conforme citado, o contexto que levou ao golpe de 1964 e o período que se seguiu à tomada do poder pelos militares não favoreceram uma acepção positiva da palavra "populismo". Se a palavra já era atacada de forma constante pelos setores conservadores e viria a ser associada pelos militares a uma "camarilha" sórdida e corrupta, curiosamente descrita como "velha política",[60] com a crise do governo Jango o populismo passou a ser alvo da própria esquerda. E, aqui, o papel dos acadêmicos influenciando a política se tornou claro — sobretudo através dos intelectuais de esquerda que se tornariam políticos.

Uma figura central nesse processo foi o então jovem sociólogo da Universidade de São Paulo (USP) Fernando Henrique Cardoso. Se sobretudo após o golpe Cardoso esteve em contato com as ideias dos teóricos da modernização americanos e de Gino Germani — a quem, por sinal, dedicaria um livro em 1980 —,[61] em 1962 a influência de Jaguaribe sobre ele era clara. É verdade que, ao contrário de Jaguaribe, Cardoso deixava claras as raízes marxistas do seu pensamento. Afora isso, porém, a conclusão era a mesma: como Jaguaribe, Cardoso não via nenhuma possibilidade emancipatória no populismo. O populismo seria "pseudodemocratizador", como ele afirmaria anos mais tarde.[62] Para Cardoso, as massas urbanas formadas por fluxos migratórios do interior seriam manipuladas por líderes populistas paternalistas, com o intuito de mantê-las submissas.

O trauma causado pelo golpe militar deu mais gás a esse tipo de análise. Na busca por entender o que dera errado, setores da esquerda abraçaram a tese que atribuía ao populismo a causa da ditadura. Conforme resumiria Cardoso em 1977: "Passamos vários anos em regime populista e sabemos, também, por experiência, que o paternalismo populista tampouco leva a alguma parte. Leva, de imediato, talvez, a um desabafo, e em seguida, ao golpe".[63]

Outro nome importante para o antipopulismo de esquerda foi um antigo aluno e amigo pessoal de Cardoso: Francisco Weffort. Partindo de ideias muito próximas às de Jaguaribe, Weffort entendia que o populismo é uma política de conciliação de classes.

Ao contrário de Jaguaribe, porém, Weffort até aceitava que o populismo promove algum grau de emancipação econômica.[64] Para ele, há um elemento de classe latente na massa. Os trabalhadores não seriam apenas passivos — eles pressionariam o governo populista, e ganhariam alguma coisa nesse processo.[65] No entanto, para Weffort, essas melhorias nas condições de vida seriam apenas migalhas. O golpe ocorre precisamente quando o modelo populista se esgota e os trabalhadores ganham autonomia, ampliando suas demandas. Como Celso Furtado também observaria, as massas se excitam e exigem o cumprimento das promessas feitas.[66] Para barrá-los, foi preciso usar a força dos tanques. No final das contas, assim como Cardoso, Weffort dizia que a via populista teria sido incapaz de reformar o Brasil. Pelo contrário, teria tentado se equilibrar entre preservar os interesses de uma elite conservadora e dar concessões marginais aos setores populares, num arranjo instável que apenas enfraqueceu a esquerda e preparou o cenário para o golpe.

O fato de esses intelectuais estarem baseados em São Paulo não pode ser desprezado. Mais do que em outros estados do país, a elite paulista era bastante hostil ao legado de Vargas e próxima do discurso da UDN. A própria fundação da Universidade de São Paulo, que acabou por formar tantos gigantes do pensamento brasileiro, foi de início um ato de resistência da oligarquia paulista a Vargas. Como o próprio Cardoso afirmou: "O populismo nunca foi um fenômeno muito benquisto na USP",[67] e essa hostilidade se manifestava também na esquerda uspiana, através de afinidades eletivas com a abordagem marxista. Caso se queira ir um pouco mais longe, é possível argumentar até mesmo que o trabalho seminal de Weffort encarnava um espírito udenoide. A afirmação pode parecer controversa, mas saiu da boca do próprio Cardoso. Precisamente por serem amigos de longa data, Cardoso pôde dizer em uma entrevista de 1985 que Weffort "tinha um horror ao populismo; ele nunca foi udenista, mas tinha espírito udenoide".[68]

O destaque assumido por esses intelectuais da esquerda antipopulista da USP na oposição ao regime militar nos anos 1970 e 1980 colaborou para a hegemonia da visão negativa que se tem do populismo. Se o populismo é um fenômeno de democracia de massas em uma sociedade profundamente desigual, é compreensível que na primeira década do regime militar a frequência com que a palavra foi usada na imprensa tenha se reduzido. Quando voltou a aparecer, no momento de lenta reabertura democrática, sobretudo a partir de 1977, foi em grande medida pela boca desses intelectuais que a viam de maneira pejorativa.

Cardoso e Weffort inclusive se tornaram figuras importantes do único partido de oposição consentida aos militares — o Movimento Democrático Brasileiro

(MDB). Segundo Maria Victoria Benevides, os dois seriam "intelectuais orgânicos" do partido.[69] Por mais que fossem jovens, ocuparam um vácuo e se beneficiaram da ausência de quem viesse a defender o populismo e o legado getulista dentro da única agremiação opositora. Mesmo que muitos dos antigos deputados do PTB tenham entrado no MDB, os quadros mais ideológicos do partido foram retirados à força da vida política nacional. Muitos foram cassados, quando não mortos. Leonel Brizola, por exemplo, poderia ter defendido a herança de Vargas, mas estava exilado em Portugal. E, mesmo com o fim do bipartidarismo e o posterior processo de anistia e redemocratização que lhe permitiria voltar ao país, ele rejeitaria o rótulo de populista. Mais do que isso, diria que o regime militar "deixou nascer sociólogos que teorizaram contra o trabalhismo, chamando-o de populismo". Referindo-se diretamente a Weffort, declarou que "não se pode colocar Adhemar de Barros, Jânio Quadros e o doutor Getúlio no mesmo saco".[70]

Desde então, foram pouquíssimos os que usaram a palavra "populismo" de forma positiva. O significado pejorativo do termo já estava sedimentado. Na verdade, o discurso hegemônico na oposição nesse período era o de que seria necessário não repetir os erros do populismo, que se baseava em salvadores da pátria e manipulava os trabalhadores. Seria preciso interromper o pêndulo que oscilava na história brasileira entre uma democracia com ares populistas e o golpismo autoritário.

O que se viu, na prática, foi o espraiamento da hegemonia dos intelectuais antipopulistas da USP nos dois principais partidos da Nova República. Por um lado, Cardoso se tornaria um quadro importantíssimo do PSDB, se aliando com a centro-direita e exercendo dois mandatos como presidente da República entre 1995 e 2002. A oposição de esquerda, no entanto, também tinha suas raízes antipopulistas. O PT foi fundado na união de diversas forças políticas, mas a sua raiz estava no novo sindicalismo, abertamente refratário ao modelo corporativista herdado de Vargas.[71] Foi isso, em grande medida, que atraiu intelectuais como Weffort para o partido, do qual viria a ser secretário-geral entre 1983 e 1987.

DE BRIZOLA A LULA, DE JÂNIO A BOLSONARO

A volta da democracia foi acompanhada do retorno do termo "populismo" ao debate público. Nesse contexto, os primeiros alvos atacados como "populistas" foram figuras associadas à República Populista. Sem dúvida, o principal deles, nos dez anos que separam a anistia das primeiras eleições diretas para presidente, foi Brizola. O próprio Hélio Jaguaribe escreveria um breve artigo chamado "O que é o brizolismo?", ainda que sem a mesma sofisticação do seu texto com título similar sobre Adhemar de Barros, em que aponta os riscos de Brizola tutelar as massas de cima para baixo, fomentando uma devoção incondicional ao líder trabalhista.[72] Mas a palavra também apareceu para designar Jânio Quadros, que voltaria à cena pública e venceria o próprio Fernando Henrique Cardoso nas eleições para prefeito de São Paulo. Muitos, inclusive, usaram o termo para criar falsas simetrias entre Brizola e Jânio, ignorando a distância abissal que os separava.[73] A presença dos dois na política nacional mostraria que o populismo não tinha morrido.

De qualquer forma, quase todos os políticos da época foram chamados de "populistas" em algum momento. Nos estertores do regime militar, o presidente Figueiredo foi por vezes acusado de "populista" por tentar melhorar sua imagem junto à população – até Lula lhe dirigiu essa acusação, comparando-o com Vargas.[74] Muitos — inclusive Brizola — também diriam que o primeiro presidente civil, José Sarney, era populista.[75] Mesmo a Assembleia Constituinte de 1988 não foi poupada desse rótulo.[76] Durante a campanha presidencial de 1989, também havia quem apontasse o populismo do candidato Fernando Collor, argumentando que ele e Brizola seriam "irmãos siameses", populistas de direita e de esquerda.[77]

Foi Lula, no entanto, quem disputou o segundo turno contra Collor. Apesar da derrota, foi a partir daí que cresceu e se consolidou a hegemonia do PT à esquerda, numa trajetória que levaria Lula à Presidência nas eleições 2002. E foi também quando se inaugurou um longo debate sobre o caráter populista do partido.

As associações de Lula ao populismo já existiam em 1989, mas eram raras. Nas eleições de 1994 e 1998, a palavra também só foi usada de forma marginal. A campanha de 2002 envolveu insinuações de José Serra de que Lula representaria o perigo do "populismo esquerdista", e que, se o petista ganhasse, o Brasil viraria uma Venezuela, mas isso se deu de forma apenas esporádica.[78] Foi muito mais constante a atribuição do rótulo a Anthony Garotinho, radialista e ex-governador fluminense cuja carreira política fora alavancada por Brizola.[79] Lula se apresentou como um candidato "light", "paz e amor", e mesmo Serra havia dito em um momento menos acalorado que Lula não poderia ser comparado com líderes populistas latino-americanos.[80]

A palavra "populismo" só passou a ser associada a Lula com mais frequência às vésperas de sua campanha à reeleição. Muitos na imprensa observam uma "fase populista" conforme o pleito de 2006 se aproximava. Diversos fatores, nem sempre coerentes, contribuíram para essa mudança de tom.

Ainda no começo do governo Lula, foi a esquerda que acusou Lula de enveredar pelo populismo.[81] Em 2002, havia entre os intelectuais *à gauche* um aparente consenso em recusar a ideia de que Lula seria populista. Poucos dias após a eleição de Lula, a filósofa e professora da USP Marilena Chaui, próxima ao PT, se antecipava em dizer que o populismo é uma forma de tutela, e que a experiência sindical de Lula não seria compatível com esse tipo de prática.[82] Ao contrário, segundo outro intelectual, Lula cumpriria o papel de "antimessias". Se Chaui seguiria na defesa de Lula ao longo dos anos, a experiência petista no poder federal criaria fraturas nesse entendimento na esquerda. Segundo articulistas desse campo, ao abandonar o discurso radical e adotar políticas econômicas liberais, Lula teria perdido o apoio de parte da esquerda organizada que compunha a base do PT. Ao mesmo tempo, o sucesso de seus programas sociais, o aumento do salário mínimo e os bons indicadores econômicos fizeram com que crescesse o apoio a ele entre a massa dos mais pobres, politicamente desorganizados. Apesar de, em sua fundação, o PT rejeitar o trabalhismo getulista, segundo os críticos, uma vez no poder, a agremiação se colocou a serviço das elites a partir da mobilização dos mais humildes, como teria ocorrido com o PTB de Vargas.

Novamente, vemos aqui como os usos de uma palavra na imprensa, na política e na academia se entrelaçam. Entre os intelectuais, por exemplo, a crítica à esquerda da aproximação entre Lula e Vargas foi vocalizada por Vladimir Safatle. Para o filósofo, Lula repetiu os erros do populismo getulista, necessariamente limitado, conciliador e acima de tudo despolitizante. De acordo com sua análise, o fim "melancólico e catastrófico" de Lula seria representado pela sua imitação do gesto de Vargas, que posou para fotos com as mãos embebidas em petróleo.[83] De forma similar, Tales Ab'Sáber compara Lula a Vargas, criticando a desfaçatez dos populistas que usam do carisma para deixar o país em transe, rebaixando a consciência crítica nacional de forma a lhes permitir barrar transformações sociais.[84]

Apesar de evitar rotular Lula como populista, André Singer se vale do mesmo argumento nos seus trabalhos acadêmicos. A partir da definição de populismo de Francisco Weffort, Singer aproximou Lula de Vargas e afirmou que o presidente organizou um pacto conservador, promotor de reformas tímidas.[85] Além disso, a análise de Singer adicionou um outro elemento a esse realinhamento eleitoral: o escândalo do "mensalão", que estourou em junho de 2005. Atribuindo ao governo a pecha de "corrupto", o escândalo reduziu o apoio a Lula entre os brasileiros mais ricos, mais suscetíveis ao discurso moralista. Singer retomou também outro elemento presente na descrição pela mídia da virada populista de Lula após o "mensalão": o personalismo — que, para muitos, seria um traço do populismo. No auge do escândalo, Fernando Henrique Cardoso chegou a dizer que a crise do PT desorganizaria um setor da sociedade e abriria espaço para lideranças populistas.[86] O que outros apontaram, contudo, era que seria o próprio Lula quem encarnaria essa função.[87] O argumento, repetido por Singer, é que o escândalo de corrupção teria feito Lula se distanciar do PT, em certa medida trocando a política partidária do "petismo" pelo personalismo do "lulismo". O tal pacto conservador seria levado a cabo por uma política centrada na figura de Lula.

Na imprensa, muitos foram os que apontaram que o escândalo do mensalão foi crucial para a virada populista de Lula. Segundo seus críticos, Lula teria reagido a tudo o que ocorreu com viagens pelo país, encontros com populares e acusações de que as "elites" vinham tentando derrubá-lo.[88] Além disso, faria constantes referências a Vargas, reconciliando-se com seu legado.[89] Para seus adversários, no entanto, isso seria mera cortina de fumaça para esconder a corrupção no governo. Para certos articulistas, a retórica getulista de "pai dos pobres", descrita como "emotiva" e "burra", somada a políticas assistencialistas que estimulariam a indolência, permitiriam o aparelhamento do Estado pelos "companheiros" — termo sempre usado de maneira pejorativa — do PT e de partidos e movimentos aliados. "Lula governou com os juros para os ricos, o mensalão para os corruptos e o mensalinho [ou seja, o Bolsa Família] para os mais pobres", segundo um comentarista.[90] Na imprensa, a ideia de conciliação de classes, ou de pacto conservador, ganhou então uma nova forma, tornando-se um acordão para rapinar o Estado. Foi nesse contexto que Weffort, que já havia se afastado do PT durante o governo de Cardoso, afirmou que Lula havia se tornado "o Adhemar de Barros destes novos tempos".[91]

Reforçada por um uso cada vez mais disseminado do termo fora do Brasil — seja para se referir a políticos de esquerda na América Latina, seja para designar políticos de direita radical na Europa —, a ideia de corrupção se associou à de destruição da democracia liberal. Além de "mafioso", o governo "populista" de Lula passou também a ser descrito como de "tendências autoritárias". Nesse sentido, o escândalo do "mensalão", baseado na compra de parlamentares, mostraria o pouco apreço do PT pela democracia liberal. Com Lula já reeleito, chegaram a dizer que os altos índices de aprovação do presidente alimentariam a tentação de perpetuação no poder e a destruição institucional. Lula seria movido por um "populismo plebiscitário". Fernando Henrique Cardoso chegou a escrever que Lula caminhava "devagarzinho" rumo a um "autoritarismo popular" e a um "poder sem limites".[92]

Foram esses jogos de linguagem — com componentes como mentira, demagogia, corrupção e dilapidação das instituições da democracia liberal — que também orientaram os usos recentes do termo "populismo" para se referir a Bolsonaro. Bolsonaro seria populista por renegar a ciência, por incentivar o conflito, por ameaçar golpes de Estado e por dilapidar a democracia liberal e os mecanismos de combate à corrupção.[93] Muitas dessas acusações são de fato verdadeiras. Contudo, atribuir a todos esses males o rótulo de populismo evidencia uma falta de rigor. No fundo, o que se vê hoje é um retorno à realidade descrita por Alberto Pasqualini em 1949: o populismo se consolidou, talvez mais do que nunca, como um lugar-comum pejorativo absolutamente vago para se atacar adversários.

DA POLÍTICA À ECONOMIA

Antes de concluirmos, vale apontar outro uso muito comum da noção de populismo, que reafirma o caráter pejorativo que a palavra adquiriu: a expressão "populismo econômico". Não estamos nos referindo à associação que muitos intelectuais próximos ao marxismo faziam entre populismo e industrialização em países periféricos. Na esteira de Cardoso e Weffort, por exemplo, Octavio Ianni via na conciliação de classes do populismo uma estratégia nacionalista de desenvolvimento de economias dependentes.[94] Por mais interessantes que possam ser, não foi com referência a essas análises marxistas que o termo "populismo econômico" apareceu na mídia e na política brasileira.

Ao estudarmos o uso do termo "populismo econômico" na imprensa, logo percebemos que essa expressão também foi usada para descrever políticos dos mais diversos na história do país. Na verdade, foram poucos os poupados dessa acusação. Os ataques de Brizola a Sarney se deviam às insustentáveis políticas econômicas do governo. Os deputados constituintes de 1988 foram tachados de populistas por incluírem na Constituição Federal muitas despesas que o país não teria como pagar. As políticas econômicas de Collor e de Itamar foram consideradas populistas, e Cardoso foi acusado de "populismo cambial" por manter a taxa de câmbio artificialmente apreciada durante sua campanha à reeleição.[95] Sobrou até para Michel Temer, acusado de uma "guinada populista" ao abandonar a agenda de reformas econômicas para alavancar sua popularidade.[96]

Em meio a usos tão díspares, como entender então o termo "populismo econômico"? Ainda em 1949, Chateaubriand alertava para os perigos de políticas populistas para a economia, mas essa relação se perdeu rapidamente.[97] O discurso voltaria nos anos 1970. Nesse período, economistas brasileiros como Eugênio Gudin e João Paulo dos Reis Velloso apresentavam na imprensa uma associação vaga entre o "populismo" dos herdeiros de Vargas e uma ameaça à gestão racional da economia.[98] No entanto, a ideia de populismo econômico foi um pouco mais teorizada fora do Brasil, notadamente pelo economista argentino Marcelo Diamand. Também na década de 1970, Diamand publicou artigos em que usa a expressão "populismo econômico" para se referir a um aumento irresponsável de gastos e de medidas protecionistas que gerariam queda da produtividade e inflação.[99] Como diria Joelmir Beting em 1977, o populismo econômico se refere a políticas míopes, que estariam "matando a galinha dos ovos de ouro" — beneficiariam a população no curto prazo, mas em troca de custos pesados no futuro.[100] Nos anos seguintes, o discurso de Diamand foi reapropriado por economistas atuantes nos Estados Unidos. Os principais difusores dessa visão foram Rüdiger Dornbusch, Sebastián Edwards e

Jeffrey Sachs, que por sua vez acabariam por reforçar esse discurso no contexto latino-americano.[101] Em 1991, Luiz Carlos Bresser-Pereira organizou uma coletânea intitulada *Populismo econômico*, reunindo precisamente os trabalhos desses autores.[102]

É importante deixar claro aqui que nem todos esses economistas que teorizaram sobre o populismo econômico eram liberais empedernidos. Diamand, por exemplo, entendia que os excessos populistas gerariam um movimento pendular, que produziria outro tipo de excesso — a reação ao populismo econômico seria um liberalismo exacerbado também deletério. Dornbusch, por sua vez, defendia no final dos anos 1990 que o Brasil aplicasse uma política monetária menos restritiva, que promovesse crescimento e redução de desigualdades. E as pesadas críticas de Bresser-Pereira ao liberalismo econômico são públicas e constantes.

Apesar da hostilidade dos teóricos do populismo econômico ao liberalismo exacerbado, esse conceito foi apropriado e instrumentalizado por muitos liberais para estigmatizar tudo o que foge de um modelo bastante específico, apresentado como "científico". De acordo com essa perspectiva, a intervenção estatal na economia, assim como as políticas fiscais e monetárias expansionistas, seriam "populistas". Obviamente, a depender do gosto do freguês, o fortalecimento da legislação trabalhista ou de políticas redistributivas também pode ser classificado como populismo econômico — ou "populismo distributivista", nas palavras de Roberto Campos.[103] A falta de rigor é tamanha que qualquer medida com a qual se discorde — sobretudo se beneficiar dos mais pobres — pode virar "populismo".

O caráter ideológico do conceito de populismo econômico, além da falta de rigor na sua construção, torna seu uso questionável. Baseado em análises enviesadas, o conceito cai por terra pelo simples fato de que os governos ditos populistas adotaram políticas econômicas diversas, e com resultados também variados. Em muitos casos, governos tachados como populistas produziram estabilidade macroeconômica e viram o florescimento de uma economia de mercado. Durante o mandato de Evo Morales, por exemplo, a Bolívia foi o país que mais cresceu na América Latina, ao mesmo tempo que reduziu a pobreza em 42% e a miséria em mais de 60%. Em suma, não há uma justificativa para associar necessariamente irresponsabilidade ou insucesso econômico com populismo, a não ser a reafirmação circular do caráter pejorativo do termo.

A análise recente da história brasileira também confirma o descompasso entre o caráter populista de um político e sua associação ao populismo econômico. Por exemplo, é interessante assinalar que Lula, cujo caráter populista discutiremos no próximo capítulo, foi poupado da pecha de populismo econômico. Embora na campanha eleitoral de 2002 tenha havido quem dissesse que ele representava uma ameaça populista para a economia, essas acusações eram marginais, até porque seu adversário, José Serra, estava longe de se apresentar como um liberal de carteirinha. Na verdade, se criou quase um consenso na mídia de que não houvera populismo econômico em seus mandatos — o que num primeiro momento se atribuía à ação do ministro da Fazenda Antonio Palocci, que teria sido o responsável por conter a ala "populista" do governo, da qual se dizia que Dilma Rousseff fazia parte.[104] Contudo, mesmo com a crise de 2008, que levou o governo a adotar medidas anticíclicas, não prosperaram na imprensa os temores de que Lula abriria mão do equilíbrio fiscal ou outras especulações do gênero.[105] Por sinal, chega a ser surpreendente perceber que, no segundo turno da campanha de 2010, que opunha Dilma a Serra, era mais comum surgirem acusações de uma "guinada populista" na campanha do tucano, devido às "promessas mirabolantes" e desesperadas que ele teria apresentado para tentar ganhar a disputa.[106]

Os casos de Dilma Rousseff e de Jair Bolsonaro confirmam novamente a inexistência de uma correlação indissociável entre o caráter populista do governante e o rumo de sua política econômica. Por um lado, Dilma foi acusada de populismo econômico, mesmo tendo um estilo político muito menos populista do que o de Lula. Longe de apelar a referências ao "povo" e a um estilo transgressivo, culturalmente "popular", ela encarnava a função de "gerente", de quadro "técnico" do governo Lula. Durante a campanha de 2010, Dilma até foi poupada da pecha de "populista" na economia, mas a adoção da chamada "nova matriz econômica" mudou a situação. Ao avançar com medidas controversas — como intervenção no setor elétrico, desonerações tributárias para a indústria e controle de preços administrados, implementadas a partir da saída de Palocci do governo, em junho de 2011 —, Dilma atraiu para si o rótulo de "populista", que respingou no PT como um todo.[107] Por outro lado, Bolsonaro, um político que estimula o conflito e faz política de maneira muito mais transgressiva, para não dizer grosseira, foi em grande parte preservado dessas acusações devido ao discurso de austeridade de seu ministro da Economia, Paulo Guedes, durante a campanha eleitoral de 2018. Bolsonaro foi inclusive saudado pelos analistas econômicos com um entusiasmo talvez nunca visto por nenhum candidato desde Collor. Por sinal, é curioso notar que durante a pandemia de covid-19 houvesse economistas escrevendo que Bolsonaro apenas se tornaria populista se, diante da crise, resolvesse abrir o cofre para ajudar a população. No entanto, conforme sua campanha à reeleição se aproximava, começaram a surgir na imprensa referências a uma "tentação populista" de Bolsonaro.[108] Segundo vários articulistas, com seu "populismo eleitoreiro", o presidente estaria flertando com a ideia de aumentar gastos sociais e controlar o preço dos combustíveis num cenário de inflação crescente.[109]

Sejam liberais ou intervencionistas, as políticas econômicas desastradas são merecedoras das mais duras críticas. O problema do discurso sobre o populismo econômico é que, por sua falta de rigor, ele acaba ecoando uma hostilidade ao amplo debate sobre os rumos da gestão econômica. No fundo, para quem defende essa perspectiva, o ideal seria que a economia não fosse alvo de discussões políticas, onde estaria sujeita à demagogia dos populistas, e sim que a sua gestão fosse entregue estritamente a quem entende, aos técnicos.

A IMPORTÂNCIA DO POPULISMO

Tomar distância dessas visões pejorativas do populismo e relembrar sua história e os momentos quando teve um significado positivo é importante para desnaturalizar os estigmas ligados à palavra. As críticas ao populismo, tanto pela esquerda como pela direita, precisam ser levadas em conta, pois, como mostra a própria dificuldade de estabelecer uma conceituação consensual, trata-se de um fenômeno ambíguo, para dizer o mínimo, e que se expressa de diversas formas, nem todas democráticas.

Mas é preciso considerar também os problemas do antipopulismo. À direita, o antipopulismo quase sempre acompanhou uma aversão à participação das massas no processo político. Até pelas dificuldades que a direita antipopulista historicamente sempre teve para ganhar no voto, sua tendência é ver as massas como manipuladas. Ao discursar contra a manipulação, a direita antipopulista se vê como um ente de razão, revelando um desejo de tutela da vida política nacional.

O problema é que o antipopulismo de esquerda também associa a palavra a alguma forma de manipulação, que, como Cardoso deixa claro, acaba associada ao paternalismo. Segundo essa visão da esquerda, o líder populista pretende ditar ao povo quais são seus próprios interesses. Assim, o populismo seria um movimento contrarrevolucionário, pois conservaria a ordem econômica e social com demagogia e políticas sociais que amenizam o conflito de classes.

Entretanto, a própria crítica a uma pretensa manipulação envolve paternalismo. No caso da esquerda antipopulista, influenciada por uma leitura específica do marxismo, os intelectuais se posicionam como se fossem uma vanguarda que soubesse de antemão quais são os interesses objetivos da classe trabalhadora, idealizada como autônoma e consciente. Assim, qualquer coisa que se afaste desse ideal só pode ser uma distorção ideológica. Ao comentar a hostilidade dos uspianos ao populismo, Fernando Henrique Cardoso é categórico: "Jango era para nós o populismo. Nós líamos a sociedade pela lente da teoria de classes: o Jango nós não sabíamos bem o que era".[110] Esse "não saber bem o que era" indica uma dificuldade de entender aquilo que não se encaixa no modelo idealizado. A grande questão, porém, é que essa classe autônoma idealizada em oposição a uma massa manipulada não existe — a diferença entre classe e massa também precisa ser problematizada.

Uma das principais contribuições de Ernesto Laclau foi apontar que nada garante que um grupo de trabalhadores se organizará ao redor do modelo proposto pelos intelectuais antipopulistas.[111] A organização e a ideologia de um grupo político não são produtos diretos da posição dos seus integrantes nas relações de produção — pelo contrário, sua orientação ideológica é uma construção discursiva que pode assumir os mais variados formatos. Em outras palavras, o "povo" nunca será uma entidade existente de antemão. Precisa ser construído. E o populismo nada mais é do que uma maneira de construir o "povo" como sujeito político.

Neste ponto, é preciso ressaltar que o interesse do próprio Marx pelos populistas russos nos seus últimos anos de vida não foi fruto de uma mania excêntrica de um senhor idoso. Na verdade, esse interesse mostra a importância que Marx passou a dar à questão da construção do povo como sujeito político. Essa construção nunca é puramente vertical, imposta de cima para baixo — é sempre coletiva. Nesse sentido, colocar em questão a fronteira entre classe e massa significa mostrar que sempre há algo de massa em toda identidade política, mas também questionar a ideia de que massas são amorfas e passivas.

Seja no Brasil ou no mundo, a história do populismo não se resume a líderes manipulando o povo a seu bel-prazer. Ela envolve diversos setores sociais, movimentos de trabalhadores que se beneficiam da organização populista e contribuem à sua maneira para a construção da identidade de um "povo". Na Argentina, foram os governos "populistas" que criaram os sindicatos industriais mais fortes da América Latina. No Brasil, a República Populista foi um momento de crescente participação política, que chegou ao fim não porque promovia a conciliação de classes, mas porque fortalecia os trabalhadores.

Não há dúvida de que esse processo pode ter seus

perigos. Quando se abandona a ideia de que uma classe está organizada de antemão e se entende que o "povo" é um sujeito político que precisa ser construído, surge a questão dos riscos envolvidos no processo.[112] Não há dúvida de que o populismo pode mobilizar as massas de maneira limitada e até reacionária. Foi esse o caso de Jânio Quadros e, em certa medida, de Adhemar de Barros. No entanto, nosso argumento é que o populismo também pode ser uma forma de mobilização emancipadora, como a via de expressão política daqueles que estavam excluídos da política, invisibilizados e que tinham seus direitos negados. Nessa versão radicalmente democrática, o populismo constrói uma ideia inclusiva de "povo", que questiona e redefine esse conceito para incorporar mais setores subalternizados.[113] O populismo, nesse caso, se torna um meio para a constante incorporação de novas demandas e para a universalização de direitos.

LULA E BOLSONARO SÃO REALMENTE POPULISTAS?

O objetivo deste capítulo é fazer uma reflexão sobre o enquadramento de Lula e Bolsonaro na categoria de populistas e analisar se essa é a melhor definição aplicável ao fenômeno do lulismo e do bolsonarismo. Para isso, no entanto, precisamos nos confrontar com um problema: do que falamos quando falamos de populismo? Na introdução, constatamos a dificuldade para definir o termo, e as falsas simetrias que costuma alimentar. No capítulo anterior, apresentamos os diversos jogos de linguagem ao redor da palavra populismo. Foi mostrado sobretudo como essa palavra sempre esteve envolvida em disputas políticas e como mesmo as formulações teóricas que tentaram sustentar o conceito de populismo na academia acabavam reverberando os vieses de cada época. Vimos, por exemplo, como a tradição brasileira baseada em uma ideia de manipulação consegue ao mesmo tempo ser compatível com algumas interpretações do marxismo e encarnar um "espírito udenoide", nas palavras de Fernando

Henrique Cardoso. Isso poderia sugerir que o melhor a fazer seria abandonar de uma vez a palavra "populismo". No contexto atual, ela seria um termo sem conteúdo, que só serviria para atacar adversários.

Por mais que seja uma escolha válida, não é esse o caminho adotado neste livro. Primeiro, porque o viés político de um conceito não é um mal em si mesmo, e porque nenhuma teoria é politicamente neutra. Em segundo lugar, porque o próprio debate sobre o que é populismo ensina muito sobre o que é a política. Em terceiro lugar, porque no meio dos jogos de linguagem em que esse termo aparece é possível capturar alguns elementos constitutivos para uma teoria do populismo.

UMA DEFINIÇÃO DE POPULISMO, MAS COM MUITOS POPULISMOS

O que seria, então, esse tal populismo? Nossa abordagem discorda das teorias que o apresentam como um fenômeno essencialmente patológico que ameaça a democracia liberal, seja pela direita, seja pela esquerda. Acreditamos que isso até possa se aplicar a alguns casos, mas que o caráter patológico não é um traço geral de toda experiência populista. Ao desconstruirmos as teorias do populismo mais em voga no Brasil, nossa leitura acaba por se aproximar dos pensadores Ernesto Laclau e Chantal Mouffe. Segundo a visão de ambos, o populismo não é bom nem ruim — é uma lógica política que constrói identidades coletivas. Além disso, para eles, populismo é uma questão de grau. Em outras palavras, a pergunta a ser feita quando se analisa um discurso não pode ser se ele é populista ou não. Não estamos lidando com uma lógica binária. Existem discursos populistas em maior ou menor grau, que adquirem mais ou menos traços daquilo que se define como populismo.

Para nós, esses traços são três, que podem até se sobrepor, mas devem ser considerados separadamente: (1) o populismo se baseia na oposição discursiva entre o "povo" e as "elites", (2) o populismo é transgressivo e (3) o populismo transforma instituições. Apesar de esses três traços comporem uma definição precisa de populismo, são amplos o bastante para entendermos que, na prática, não se pode falar em populismo no singular. Ao contrário, é preciso pensar em termos de populismos, no plural.[1]

Os diferentes "povos" contra as diferentes "elites"

Comecemos pelo primeiro ponto de nossa definição — a oposição discursiva entre "povo" e "elite" —, que tem se tornado consensual na literatura sobre populismo. Para Laclau e Mouffe, por exemplo, o populismo constrói identidades coletivas através de uma lógica política antagônica de "nós" contra "eles" — em geral, o "povo" contra as "elites". Nesse sentido, a carta-testamento de Vargas é uma obra-prima do discurso populista, opondo o presidente, "escravo do povo", às "aves de rapina" da elite que querem sugar o sangue dos brasileiros. Mas será que "povo" e "elite" sempre assumem a forma do discurso getulista? Na verdade, nem o "povo" nem a "elite" a que o populismo se refere existem como fatos da natureza — as duas entidades são construções discursivas, que se definem mutuamente. A linguística moderna ensina que o significado das palavras é relacional.[2] Uma palavra só tem sentido porque está em uma teia de relações com outras palavras. Da mesma forma, identidades políticas também são sempre relacionais. Só sabemos o que somos "nós" porque existe algo exterior a esse "nós" — no caso, os "outros". Só existe "povo", portanto, porque existe "elite". Mas essa relação pode adotar várias formas. A palavra "povo", por exemplo, pode se referir a muitas coisas diferentes, assim como a palavra "elite". A rigor, o populismo sequer precisa se basear nesses dois termos — basta que haja a construção de uma identidade coletiva que opõe os "de baixo" contra os "de cima".

À primeira vista, afirmar que o populismo se baseia em um "nós" contra "eles" pode assustar. Não haveria algo de fundamentalmente hostil à democracia liberal nessa lógica? Aqui, precisamos entender que falar de populismos no plural não significa apenas que o "povo" e as "elites" podem se referir a coisas diferentes, mas também que o conflito entre ambos pode se dar de diversas maneiras. De fato, certas expressões do "nós" contra "eles" podem adquirir feições hostis à democracia liberal. Mas só existe democracia liberal se houver conflito de ideias, posições divididas. E a democracia liberal só se aprofunda e radicaliza na divisão — é o antagonismo que coloca em xeque as formas de dominação e permite a ampliação de direitos.[3]

Portanto, o problema do "nós" contra "eles" não é o antagonismo em si, e sim quando essa divisão assume o objetivo paradoxal de liquidar o conflito — ou seja, pôr fim à democracia liberal. Nesses casos, o antagonista é apresentado como um inimigo a ser abatido, com a promessa de que sua eliminação vai permitir o surgimento de uma sociedade pacificada.

Esse seria o caso do populismo hostil à democracia liberal, que apresenta as elites como um grupo imoral, corrupto, que deve ser eliminado pelo bem do povo.[4] Aliás, por mais paradoxal que possa parecer, essa retórica também pode ser vista em muitas versões do próprio discurso antipopulista. Muitas vezes, o antipopulismo adota o discurso narcisista e moralista, reforçando os aspectos deletérios do antagonismo. Nesse caso, os antipopulistas são apresentados como irrepreensíveis, e o populismo, como a síntese obscena de todo o mal, o inimigo que deve desaparecer.

Já o antagonismo que radicaliza a democracia liberal — que Chantal Mouffe chamaria de agonismo — é diferente. Como explica a autora, a palavra agonismo se refere à relação entre adversários, não entre inimigos.[5] Adversário é o opositor em um jogo cujas regras são respeitadas, não um inimigo contra o qual vale tudo. No agonismo, os sujeitos não se movem por fantasias de superação do conflito através da eliminação do outro. O conflito é valorizado como um meio de questionar constantemente as desigualdades e ampliar direitos, sem que nunca se chegue num ponto-final.

A ideia de que o "povo" e a "elite" podem assumir diferentes formas e se relacionar de diversas maneiras remete ao que foi dito no capítulo anterior sobre o fato de que sujeitos políticos não vêm prontos e dotados de consciência de classe, como algumas leituras marxistas procuram idealizar. Quando um líder populista fala em nome do "povo", ele participa da construção desse sujeito político. E, como esse "povo" precisa ser construído, nada garante que será emancipador ou reacionário, ou que o antagonismo que estabelece com a "elite" radicaliza a democracia liberal ou a coloca em perigo. Existem vários populismos, e qual será triunfante em cada momento histórico se define na luta política.

É bom ressaltar que, ao contrário do que o exemplo do líder populista pode dar a entender, o populismo não é necessariamente um fenômeno vertical, em que um único sujeito dita de cima para baixo qual a identidade de um povo. Como Paolo Gerbaudo argumenta, movimentos como Occupy Wall Street, que opõem os "99%" ao "1%", teriam caráter populista, mesmo sem líderes formais designados.[6] Agentes como movimentos sociais, cidadãos comuns, intelectuais e a mídia participam das disputas políticas ao redor da construção discursiva do "povo". Mesmo antes do advento das mídias sociais digitais, os discursos sempre circularam em redes, e, ainda que um líder possa ocupar um nó central numa rede discursiva, ele nunca será a única figura a falar em nome do povo.

As diferentes transgressões

Mas não basta apenas apelar para a oposição entre "povo" e "elite" para estabelecermos a existência do populismo. É preciso também levar em conta a definição de populismo que vai além de Laclau e Mouffe, e também as teorias performativas do populismo que salientam seu aspecto transgressor. Aqui, trata-se de uma transgressão de ordem estética — e não no sentido de ser cosmética, superficial, ou um mero verniz. A palavra estética se refere a tudo o que é sensível, ao que é percebido pelos nossos sentidos.[7] Assim, o populismo redefine o que pode e o que não pode ser visto na política. Se opõe os "de baixo" contra os "de cima", essa distinção só faz sentido se entre os "de baixo" houver algo que estava excluído, que não aparecia na política. Em outras palavras, o populismo quebra tabus — o que pode ser emancipador, mas nem sempre.

A dimensão transgressiva do populismo está ligada à sua capacidade de produzir dissenso. Segundo os adeptos das teorias performativas do populismo, o populismo está sempre ligado a crises. E não apenas no sentido de que é fruto de uma crise — por exemplo, de uma depressão econômica —, mas também no sentido de que o populismo gera crises. Quando perguntado sobre como fazia para navegar nas tempestades políticas dos Estados Unidos, o então presidente americano Donald Trump teria dito: "Eu sou a tempestade".[8]

Mas aqui também é preciso falar de populismos no plural e levar em conta que a transgressão pode assumir várias formas. O dissenso populista pode ser problemático quando as crises que gera são fantasiosas, conspiracionistas, destinadas a criar pânico moral, e quando o que inclui são discursos intolerantes, advindos do que Hannah Arendt chamaria de "ralé", que suscitam e sustentam a discriminação contra grupos subalternizados.[9] Nesse caso, o antagonismo entre "povo" e "elite" costuma ser narcisista e moralista, opondo o bem contra o mal, os puros contra os corruptos. Em geral, também funciona segundo uma lógica de condomínio: o dissenso só serve para consolidar a ideia de um "povo" com uma identidade fechada, e tudo o que é diferente precisa ser eliminado. Aqui, as estruturas de dominação são reforçadas.

Mas o dissenso populista também pode ser emancipador, questionando estruturas de dominação arraigadas e dando voz aos subalternizados. Por si só, a entrada de setores invisíveis na cena política gera crises. Mas as crises causadas pelo populismo são emancipadoras quando a oposição entre os "de baixo" e os "de cima" atua para apontar os pontos cegos da democracia liberal de modo a expandir e universalizar direitos.

As diferentes transformações institucionais

O dissenso que costuma produzir explica as constantes acusações de que o populismo seria uma perigosa ameaça às instituições. Ao reivindicar a legitimidade que vem do "povo" que constrói como sujeito político, o populismo se chocaria com discursos que retiram sua legitimidade de outro lugar — a de quem vigia e controla.[10] No típico discurso antipopulista, o populismo é com frequência associado à irresponsabilidade com a máquina pública, à politização da administração por militantes e ao abandono de princípios básicos como impessoalidade, legalidade, moralidade, publicidade e eficiência. Também se afirma constantemente que os populistas atacariam a separação de poderes, a liberdade de imprensa e outros pilares da democracia liberal.[11] Nós admitimos que isso pode ocorrer, mas que aqui também as coisas são mais complexas.

Em primeiro lugar, e ao contrário do que se possa imaginar, as instituições não são apenas entidades com prédios, funcionários e carimbos. Instituições são regras de vida em uma comunidade, e não apenas regras escritas — na verdade, a imensa maioria das instituições se vale de consensos e de acordos tácitos. Além disso, não se deve sacralizar toda e qualquer instituição. É verdade que a democracia liberal se baseia em instituições que precisam ser preservadas, e que questioná-las dá margem a tentações autoritárias. No entanto, nem todas as instituições existentes são de fato liberais democráticas. E, sobretudo, algumas servem precisamente para preservar estruturas de dominação hegemônicas.

No Brasil, a chamada "República Oligárquica" (1889-1930), por exemplo, dispunha de instituições, de ritos, de alternância de poder e de alguma liberdade de imprensa, porém era totalmente avessa à democracia liberal na sua essência. Apenas 1% da população votava, os direitos sociais eram inexistentes, e os movimentos populares, barbaramente reprimidos. Até mesmo a ditadura militar (1964-85) conservou uma série de instituições construídas na democracia liberal, mas esvaziando-as de seu propósito, eliminando adversários políticos e impedindo a livre associação.

Em outro exemplo, da mesma maneira que a criação de carreiras estáveis do serviço público tem consequências benéficas para a gestão governamental, combatendo o nepotismo e a arbitrariedade, em muitos contextos propicia o estabelecimento de corporativismos e imobilismos. Em alguns casos, as medidas tomadas para impedir a cooptação do Estado por grupos específicos estabelecem uma estrutura burocrática que por si só representa a captura do Estado por um grupo específico. Nesse sentido, o caráter "destituinte" do populismo pode ser muito bem-vindo. Mas é preciso deixar claro também que o populismo não apenas destitui — ele também institui. Na medida em que constrói um "povo", ele também tem uma força constituinte, cria novas instituições.

Assim, a questão que se coloca é: quais são as instituições que o populismo constitui? Por um lado, um populismo reacionário destrói a divisão de poderes, concentra o poder nas mãos de uma liderança única e pode consolidar instituições que reafirmem hierarquias sociais e discriminem setores subalternizados. Por outro lado, um populismo de cunho emancipador e pluralista participa do que Hannah Arendt definia como momento da fundação, de "novos começos".[12] Dessa forma, ele convida ao questionamento constante do que é o "povo", de modo a incluir cada vez mais setores invisíveis e gerar condições para a sua autonomia política. Esse é um populismo que radicaliza a democracia liberal.

Um populismo sem causa

Uma definição de populismo estaria incompleta se não discutíssemos o que propicia seu surgimento. Afinal, o que faz com que apareçam movimentos que opõem o "povo" contra as "elites", apelam para uma estética transgressiva e têm poder de transformar instituições?

Muito se tem discutido sobre como as mídias sociais digitais parecem fornecer um terreno fértil para o florescimento de movimentos populistas, regidas por instituições — no sentido ampliado, de regras de vida em comunidade — que favoreceriam o discurso populista. Como Paolo Gerbaudo sugere, para o bem ou para o mal, as redes sociais digitais ampliariam a capacidade de os "de baixo" serem ouvidos, estimulando o descrédito das figuras de autoridade, tornando-se o refúgio da "voz do povo".[13] Essas mídias seriam assim um espaço anti-establishment, fundamental no discurso populista. Além de favorecer o antagonismo, podemos afirmar que a cultura de memes, central nos fluxos de informação das redes digitais, também apela à irreverência que marca o populismo.

O populismo também tem sido apresentado como uma resposta — nem sempre adequada — a um déficit democrático nas sociedades modernas. Trata-se de um elemento que sempre marcou a história do Brasil e da América Latina, mas que vem se tornando uma realidade cada vez mais presente nas economias mais desenvolvidas. A incapacidade dos partidos tradicionais para lidar com as crescentes desigualdades favoreceria o surgimento de movimentos populistas.[14] Numa reflexão semelhante, há quem parta da ideia de que o populismo é um fenômeno de massas e afirme que as últimas décadas teriam testemunhado um aumento da massificação da sociedade devido à destruição dos vínculos sociais tradicionais, em especial dos sindicatos. Outros indicam que, ao contrário de massificação, haveria uma complexificação e compartimentalização das lutas sociais — por exemplo, nas pautas antirracistas, feministas etc. — e que o populismo seria o meio de articular essas lutas em uma frente comum.[15]

Todas essas abordagens capturam algo da realidade. O risco de se apoiar excessivamente sobre elas é cair em certo determinismo — seja tecnológico, seja econômico, seja sociológico. Já havia populismo muito antes da televisão, do computador, dos smartphones e das mídias sociais digitais, portanto o fenômeno transcende os meios de comunicação de cada época.[16] Da mesma forma, a simples desigualdade não leva ninguém a se organizar politicamente, e movimentos de protesto de tipo populista podem surgir também em momentos de prosperidade. Além disso, a distinção entre massa e classe precisa ser questionada.

Em nosso entendimento, não há nada que determine o surgimento ou não do populismo. Entretanto, se há um conceito que ajuda a nos orientar nessa reflexão é o de vulnerabilidade. Em suas diversas expressões, o populismo oferece uma resposta à vulnerabilidade.

Inspirados por Judith Butler, entendemos vulnerabilidade de diversas formas.[17] Há sem dúvida a vulnerabilidade de grupos sociais subalternizados e a daqueles que se confrontam com a precarização crescente das condições de trabalho e de vida. Mas existe também uma vulnerabilidade de outro tipo, que se relaciona com a primeira, mas não é idêntica a ela. Trata-se de uma vulnerabilidade "ontológica", que atinge a todos e que é produzida pela própria modernidade, que pode neste contexto ser interpretada como um longo processo em que todas as formas de autoridade tradicionais são colocadas em questão. Como observou Claude Lefort, com a modernidade há uma "dissolução das referências de certeza".[18] A vulnerabilidade "ontológica" está ligada à angústia e ao desamparo dessa experiência de perda de certezas; ela reflete a angústia de perder seu lugar num mundo em que mais do que nunca "tudo o que é sólido desmancha no ar", como diriam Marx e Engels.[19] E é nas diferentes respostas a essa vulnerabilidade "ontológica" que os vários tipos de populismo se distinguem.

É compreensível que, diante da vulnerabilidade, as pessoas sejam seduzidas por discursos que prometem certezas, segurança. O populismo reacionário oferece isso. Atribui a causa de nossa angústia a um bode expiatório ameaçador, desviando nossa atenção do fato de que somos irremediavelmente vulneráveis. Nesse esforço vão, reproduz a lógica de um condomínio: busca construir o "povo" como uma comunidade fechada, murada, protegida de tudo o que é diferente.

O problema é que essas respostas são fantasiosas, e não lidam com a vulnerabilidade "ontológica" que atravessa a todos nós.

Já o populismo emancipador encara a vulnerabilidade de outra maneira, enxergando a dissolução de certezas que a modernidade nos traz como uma oportunidade. Em vez de tentar reforçar as formas de autoridade tradicionais, vê na crise o sinal de que as coisas podem ser radicalmente diferentes e de que todas as formas de discriminação podem e devem ser questionadas. Isso significa acolher e aceitar nossa condição vulnerável e questionar as fronteiras da identidade desse "povo". Em vez de se fechar ao que é diferente, de considerar o outro ameaçador, esse populismo emancipador busca incluí-lo.

Tendo em mente os três traços definidores do populismo e a reflexão sobre a relação entre populismo e vulnerabilidade, é possível começar uma análise de Lula e Bolsonaro, para definirmos em que medida cada um deles é populista, e de qual populismo se trata em cada caso. Primeiro, faremos uma análise dos diferentes antagonismos entre "povo" e "elite" presentes no lulismo e no bolsonarismo. Depois, discutiremos as transgressões e as crises que emergem de acordo com as características de cada um. Por fim, veremos como Lula e Bolsonaro lidam com as instituições.

O "POVO" CONTRA AS "ELITES"

Existe um consenso na literatura de que o populismo cria discursivamente a dicotomia entre "povo" e "elite". Povo é tudo aquilo que não é elite. Elite é tudo aquilo que não é povo. Mas até onde vai o "povo"? Onde começa a "elite"? Por exemplo, uma pessoa cujos antepassados eram ricos e que herdou uma casa própria, mas que está desempregada e tem renda baixa. É povo ou elite? Do ponto de vista patrimonial, trata-se de uma pessoa rica. Considerando apenas os rendimentos, seria uma pessoa de classe média baixa. Um dirigente do sindicato dos metalúrgicos: povo ou elite? Trata-se de um representante da classe trabalhadora, mas ao mesmo tempo lidera uma importante organização política, logo faria parte da elite política do país. Nesse ponto, é preciso deixar claro que as categorias de "elite" e de "povo" são políticas, e não sociológicas. Não se trata necessariamente de uma questão de estratificação de classe social. "Elite" não quer dizer sempre "rico". "Povo" não significa sempre "pobre". A dicotomia entre "elite" e "povo" é portanto diferente das estratificações sociológicas existentes entre diferentes classes sociais ou faixas de renda. A "elite" não corresponde necessariamente aos 10% mais ricos, e o "povo" não equivale aos 30% mais "pobres". A dicotomia entre "elite" e "povo" é também muito diferente da dicotomia marxista clássica entre "burguesia" e "proletariado". A elite não é necessariamente burguesa. O "povo" não é necessariamente proletário. Mas, se elite e povo nem sempre correspondem aos antagonismos mais clássicos existentes em uma sociedade, como identificá-los?

Traçar a linha entre o que se entende por "elite" e "povo" é portanto definidor da lógica populista. Trata-se de uma das tarefas centrais do líder populista. Bolsonaro e Lula recorrem ambos a essa tática, mas cada um delimita essas diferenças à sua maneira.

O que diz Bolsonaro quando diz "povo" e "elite"?

Faltando uma semana para o segundo turno das eleições de 2018, Bolsonaro falou ao vivo por vídeo para seus apoiadores reunidos na avenida Paulista. Afirmou que seus apoiadores seriam "a maioria" e "o Brasil de verdade". Para ele, esse é o verdadeiro "povo" brasileiro, ligado à ideia de "cidadão de bem".[20]

Esse discurso que idealiza o "cidadão de bem" reverbera com sucesso em uma sociedade que busca segurança — não apenas segurança pública, que sem dúvida é um dos grandes problemas brasileiros, mas também o que podemos chamar de uma segurança "ontológica". Para muitos, é difícil lidar com as transformações econômicas e culturais que o mundo vem enfrentando. O aumento da precariedade econômica, assim como o questionamento da família tradicional, da fé, das relações de trabalho e propriedade geram incômodo, angústia, sobretudo quando não há uma comunidade que lhes forneça alguma rede de proteção. Para essas pessoas, o discurso de Bolsonaro, que o apresenta como um líder de pulso forte que reafirmará as hierarquias sociais tradicionais, por mais fantasiosas que sejam, pode ser reconfortante. Trata-se de um discurso nostálgico, que idealiza retrospectivamente uma época em que a sociedade parecia mais ordeira.

Através de uma rede de disseminação de notícias falsas e ataques a adversários organizada por um grupo de colaboradores que ficou conhecido como "gabinete do ódio",[21] o discurso bolsonarista insufla o ressentimento desse "povo" que demanda segurança contra uma determinada "elite". Mas aqui o antagonismo entre povo e elite está muito distanciado do antagonismo entre pobres e ricos. A elite que Bolsonaro se propõe a combater é essencialmente a administrativa, a cívica e a intelectual. Não existe nenhuma oposição às burguesias financeira, industrial, eclesiástica ou agrícola. Bolsonaro defende os empresários como aqueles que geram empregos no país, que fazem o país crescer — os verdadeiros trabalhadores. Já a "elite" que ele despreza são "vagabundos" da burocracia estatal, das organizações da sociedade civil ou ainda da imprensa e da classe artística, que impedem o progresso do país. "Vagabundo vai ter que trabalhar!", disse ele aos apoiadores na Paulista. Nessa construção, o latifundiário é vítima da atuação dos movimentos sociais do campo, ou ainda dos órgãos de controle, como o Ibama. O latifundiário torna-se "povo", e o MST, "elite".[22]

Para Bolsonaro, as elites administrativas, cívicas e intelectuais seriam todas ideologicamente de esquerda. A principal referência teórica para esse populismo de tipo reacionário foi o escritor Olavo de Carvalho, figura controversa e conhecida por sua hostilidade à modernidade, precisamente por vê-la como um processo em que as formas tradicionais de autoridade são postas em xeque.[23] Para Olavo de Carvalho, que em diversos momentos nos seus últimos anos de vida inclusive se definia como "populista",[24] essas elites seriam depositárias daquilo que ele chamou de "marxismo cultural".[25] Trata-se de uma visão conspiratória que fustiga o pânico moral ao especular que a esquerda — tendo sido derrotada politicamente, economicamente e militarmente após a queda do Muro de Berlim — se infiltrou nos meios de produção de sentido, nas administrações públicas, na imprensa e nas instituições de ensino para conduzir a luta revolucionária no plano cultural. Essa leitura superficial dos trabalhos do filósofo marxista Antonio Gramsci pela direita reacionária brasileira se conjuga com outras teorias conspiratórias internacionais, como o "globalismo", com sua pressuposição de que as elites intelectuais tentam promover a destruição do Estado-nação a fim de favorecer uma globalização que as favoreça. Assim, a ideia repetida com tanta insistência pela direita reacionária europeia da "grande substituição" — segundo a qual a população branca e cristã daria lugar a uma população não branca e muçulmana — encontra paralelos em terras tropicais. O pânico moral é alimentado por uma suposta "ideologia de gênero", que seria promovida para destruir a família brasileira — último bastião de resistência do povo contra o completo controle das elites degeneradas.

Nessa visão conspiratória de mundo, a mídia tradicional também não foi poupada. Os bolsonaristas se referem ao Grupo Globo como "Globolixo", porta-voz dos interesses globalistas e de esquerda. A Rede Globo, que de fato em parte da sua programação televisiva encarna valores liberais e progressistas, seria a propagadora de mensagens do "marxismo cultural" e da "ideologia de gênero". Diante de um governo que defende os "valores da família", a Globo estaria fazendo oposição ferrenha e propagando informações falsas.

Obviamente, a corrupção moral e até sexual do "marxismo cultural" vem acompanhada da corrupção dos agentes do Estado — outros "vagabundos" que roubam do povo trabalhador. Nos dois casos, há a ideia de um gozo obsceno: a elite do "marxismo cultural" goza de maneira sexualmente depravada, e sobretudo goza às custas do povo, com o dinheiro extraído do suor do povo.

Tomado por esse moralismo ressentido, o antagonismo construído por Bolsonaro e alimentado pelo "gabinete do ódio" se insere inequivocamente na lógica de eliminação do adversário. Alguns teóricos políticos têm associado o populismo a uma forma de teologia política — no caso, à disputa moralista entre o bem e o mal, entre deus e o diabo.[26] Discordamos de que essa seja uma característica de toda forma de populismo, mas esse é sem dúvida o tipo de discurso mobilizado por Bolsonaro, e que em parte até explica seu apelo a uma parte do eleitorado cristão. No discurso de Bolsonaro, encontramos apelos diretos à ideia messiânica de que um milagre o havia salvado da morte por esfaqueamento para derrotar a esquerda, apresentada como uma força anticristã a ser aniquilada.

Bolsonaro associa sua carreira no Exército a esse tipo de relação em que o outro é um mal absoluto a ser expurgado. No passado, já havia dito que o erro do regime militar teria sido ter matado poucos oposicionistas, e que se chegasse ao poder faria uma "limpeza" no país. "Minha especialidade é matar", disse ele na sua pré-campanha presidencial. "Vamos fuzilar a petralhada" foi outra frase marcante dita em um comício eleitoral.[27] A facada que ele levou durante uma marcha com apoiadores apenas reafirmou a fantasia de que a luta de Bolsonaro contra os poderosos era uma batalha de vida ou de morte. A uma semana do segundo turno, ele declarou que "a faxina agora será muito mais ampla", e que "esses marginais vermelhos serão banidos de nossa pátria".[28] O conflito que Bolsonaro prega, portanto, não é o que alimenta a democracia liberal, nem o que aponta para os seus pontos cegos para ampliar direitos. Pelo contrário, o conflito defendido por Bolsonaro busca precisamente acabar de vez com a "bagunça" do regime democrático. É movido pela fantasia de um momento final de purificação, em que os "vermes" e "corruptos" serão extintos, e uma pátria de lei e ordem será refundada. Para proteger esse "povo" que busca segurança, tudo o que é estranho, diferente, que não se encaixa na tribo dos "cidadãos de bem", deve ser eliminado.

Figuras como Paulo Guedes e o ex-juiz Sergio Moro, vistos por muitos como possíveis "freios" aos arroubos de Bolsonaro, na verdade compuseram a constelação do bolsonarismo e reforçaram seu discurso. O primeiro, durante sua posse como ministro da Economia, chamou os funcionários públicos de "parasitas", e atacou "burocratas corruptos e criaturas do pântano político que se associaram contra o povo brasileiro".[29] O segundo, alçado pela mídia à posição de herói implacável da moralidade pública e escolhido para o Ministério da Justiça do governo Bolsonaro, corroborou a ideia de que os fundamentos do liberalismo político — como a presunção de inocência e o direito à defesa — não são válidos, ou devem pelo menos ser flexibilizados, no combate aos inimigos do povo. Como Bolsonaro disse após o primeiro turno, era preciso "fazer valer a lei no lombo" dos marginais da esquerda.

Ao longo de seu mandato, Bolsonaro apinhou a máquina pública com militares e constantemente flertou com a ideia de um golpe, ainda que seus arroubos golpistas ganhem fôlego apenas em seus momentos de maior fraqueza. De toda forma, por mais que tenha avançado em diversas frentes contra o que entende como as "elites", por enquanto Bolsonaro não teve condições objetivas de tirar seu plano de purificação do papel. Politicamente ameaçado, preferiu costurar um amplo acordo com o tradicional grupo de parlamentares mais oportunistas do Legislativo — apelidado de "centrão" —, em grande medida baseado na cooptação por verbas e no aliciamento por cargos. O Brasil é um país muito grande, com interesses demais em jogo para que um golpe prospere com facilidade. Mesmo a adesão do "centrão" não garante o apoio desse grupo a uma aventura golpista. Bolsonaro usa, porém, essa pluralidade de forças atuantes para se eximir de qualquer responsabilidade como presidente. Por exemplo, após minimizar a pandemia de covid-19 — uma "gripezinha" ou um "resfriadinho", de acordo com suas palavras —, difundiu a versão fantasiosa de que o STF o havia impedido de tomar alguma iniciativa na gestão da crise sanitária. Bolsonaro se define como um presidente de mãos atadas, que não pode exercer o poder.[30] Um governante que, a rigor, se apresenta como se estivesse na oposição, e não no poder. Assim, alimenta o antagonismo contra as "elites", insuflando sua base militante.

O que diz Lula quando diz "povo" e "elite"?

Lula tem um discurso muito mais clássico de oposição entre "povo" e "elite". O povo, claro, são os mais humildes, com os quais ele busca construir uma identificação direta. Em sua campanha à reeleição em 2006, um jingle dizia que Lula era "o primeiro homem do povo presidente", que "o presidente é povo, e o povo é presidente", concluindo com um famoso refrão: "É Lula de novo, com a força do povo". A expressão "nunca antes na história desse país", repetida por Lula em quase todo discurso de inauguração de que participava, corrobora essa mensagem. Sua presença na Presidência seria um momento excepcional, pois seria a primeira vez na história do Brasil que o "povo" governava.

Se no discurso de Lula o "povo" são os humildes, as "elites" são o equivalente dos poderosos. No dia de sua prisão, ele parafraseou um célebre provérbio de autoria incerta: "Os poderosos podem matar uma, duas ou três rosas, mas jamais conseguirão deter a chegada da primavera".[31] Os poderosos são aqueles que mandam, e que até a sua eleição haviam supostamente governado o Brasil de maneira ininterrupta. A elite seria a figura do patronato, e o povo, a do trabalhador. A frase do "nós" contra "eles" sintetiza a dimensão antagônica do discurso lulista. É o povo contra a elite.

Mesmo que as definições de "povo" e "elite" de Lula e Bolsonaro sejam muito diferentes, é curioso notar que há um alvo comum aos dois: aqueles vistos como porta-vozes das "elites" — a grande mídia hegemônica, representada sobretudo pelo Grupo Globo. Para os petistas, a Globo é a principal expoente do "PIG (Partido da Imprensa Golpista)", representante dos interesses empresariais que combatem políticas pró-trabalhadores — uma espécie de comitê de defesa dos interesses da burguesia. As críticas, embora exageradas, não deixam de ter algum fundamento na realidade. Historicamente, o jornal *O Globo* flertou com o golpismo nos anos de Getúlio Vargas, o que levou à destruição da sua redação em 1954 por populares revoltados com o suicídio do presidente. Da mesma forma, o diário apoiou a derrubada de João Goulart pelos militares.[32] Como o próprio Bolsonaro faz questão de lembrar para constranger a emissora, a Globo foi o braço de comunicação da ditadura e contribuiu para desidratar o movimento "Diretas Já". Para os petistas, essas práticas continuariam em vigor. A emissora usaria seu grande poder de difusão para manipular as pessoas, e teria sido esse o fator determinante para a derrota de Lula em 1989, para o sucesso dos protestos de rua de 2013 e sobretudo para a queda de Dilma Rousseff em 2016 e para a prisão de Lula em 2018.

Se por um lado há esse elemento em comum entre Lula e Bolsonaro, por outro existe uma profunda distância na forma como os dois constroem as disputas políticas. À diferença de Bolsonaro, o antagonismo do discurso de Lula é mitigado.

Durante seu governo, Lula foi acusado pela oposição — inclusive por Bolsonaro — de querer "dividir" o país. Pobres contra ricos, pretos contra brancos, mulheres contra homens. Como o próprio Lula declarou: "Criou-se o sofisma de que o Lula quer dividir o Brasil entre ricos e pobres. Não, eu não quero dividir. Já nasci com ele dividido e, lamentavelmente, do lado dos pobres. Poderia ter nascido senhor de engenho, vim da senzala".[33] É comum escutarmos de lideranças políticas de que teria sido Lula, e não Bolsonaro, o responsável por inaugurar o "nós" contra "eles". A verdade é que nem Lula nem Bolsonaro criaram o antagonismo na história do país. Como vimos, a distinção entre "nós" e "eles" está na base de qualquer identidade, e portanto de qualquer tipo de política, populista ou não. Embora seja inegável que, como importantes lideranças populares, tanto Lula quanto Bolsonaro alimentam o conflito, há uma enorme diferença entre os dois. Ao contrário de Bolsonaro, Lula não insufla o antagonismo de maneira maniqueísta, de uma luta milenar entre o bem e o mal. Longe disso, ele promove um tipo de enfrentamento que está na base da ideia de democracia.

Isso não significa que não haja espaço para a religiosidade — notadamente a de cunho cristão — no discurso de Lula. Vale lembrar que as comunidades eclesiais de base, influenciadas pela Teologia da Libertação, foram um dos pilares da fundação do Partido dos Trabalhadores.[34] As menções a Deus são constantes no discurso de Lula. No seu caso, porém, o apelo à fé cristã costuma beber de outras fontes, como da tradição do apóstolo Paulo — que fez o cristianismo deixar de ser a crença de uma única tribo, exclusivista, para se transformar em uma religião que abarca e inclui a toda a humanidade.[35] É por isso que podemos afirmar que Lula oferece um outro discurso àquele cidadão desamparado em busca de segurança. Em vez de insuflar um ressentimento em relação a tudo o que é diferente, ele abre portas a quem está de fora.

No governo Lula, de fato se viu um crescimento, mesmo que incipiente, de pautas de setores subalternizados. Mas a força dessas demandas não se deveu exatamente à figura de Lula. Desde a sua fundação, o PT se propôs a ser um partido de movimentos sociais — algo em grande medida inédito no mundo. Com o passar do tempo, os movimentos negro, indígena, feminista, LGBTQIA+, entre outros, fizeram crescer sua força nas ruas e na opinião pública, e o populismo lulista deu sua contribuição para a emergência das lutas de setores marginalizados. Mas, embora tenha havido uma multiplicação de antagonismos durante o governo Lula, no que diz respeito ao presidente a disputa nunca se deu em termos de eliminar o "outro". Pelo contrário, o antagonismo se estabeleceu na luta pela ampliação de direitos, para incluir mais gente na vida política e nas políticas públicas.

A forma como Lula se relaciona com as "elites" deixa claro como seu antagonismo é atenuado. Ainda que Lula utilize muito a expressão "nunca antes na história deste país" para se referir ao que seria o caráter inédito do seu governo, é importante ressaltar que ele se jactava de que também os bancos e os grandes empresários nunca haviam lucrado tanto quanto em seus mandatos.

Seus dois governos foram extremamente positivos para os "poderosos", que em grande parte o apoiaram e endossaram sua candidata à sucessão presidencial, Dilma Rousseff. É verdade que, sobretudo em momentos eleitorais, o antielitismo lulista aflorava mais — afinal, o antagonismo é uma poderosa ferramenta de mobilização política. Mas, inclusive nessas horas, o discurso de Lula apelava mais à ideia de uma certa ingratidão ou mesquinharia da elite, que apesar de ter se beneficiado como nunca durante seus governos não aceitaria ter que dividir um pedaço um pouco maior do seu quinhão com os trabalhadores. Até mesmo o passado de líder sindical de Lula foi marcado pela busca de acordos e consensos, e isso não parece ter mudado. Ainda que haja elementos de mágoa em sua fala, para ele a elite nunca foi um "outro" a ser eliminado, extirpado. O ódio não é um traço de seu discurso. Como ele disse em um evento de pré-campanha em 2022: "Não nasci para ter ódio, nem mesmo daqueles que me odeiam".[36]

POPULISMO COMO TRANSGRESSÃO

A simples oposição entre "povo" e "elite" não dá conta de todas as características do populismo. Para haver populismo, é preciso haver uma transgressão estética — não no sentido de falso, superficial, mas do que pode e do que não pode ocupar a cena pública. É essa transgressão estética do populismo que faz com que o antagonismo entre "povo" e "elite" produza dissenso. Ela quebra tabus. Rompe com a ordem estabelecida, com a forma "normal" de se fazer política.

Apesar de o populismo não depender sempre de um líder carismático, as análises performativas têm apontado que o chefe populista costuma encarnar essa transgressão estética. Segundo essa abordagem, através de seus atos e falas, a liderança populista celebra ou ostenta o que vem de "baixo" — opondo-se, portanto, a tudo o que vem do "alto", a começar pela chamada "alta cultura". Nesse sentido, a transgressão do populismo costuma romper com tudo o que seria "refinado", "sofisticado", "erudito", "fino", "elegante", e por consequência "bem-comportado" e "contido".

Por contraste, pode-se afirmar que o líder populista é "malcomportado". Ele quebra protocolos, o que costuma significar que ele é informal, corporal, bruto, vívido — em outras palavras, culturalmente "popular". Contudo, assim como no caso do antagonismo entre "povo" e "elite", a transgressão populista pode se expressar de diversas formas, com diversas consequências para a democracia liberal. E, também aqui, as diferenças entre Lula e Bolsonaro são muito grandes.

As *transgressões* de Lula

A eleição de um torneiro mecânico em 2002 como presidente da República foi, em si, uma ruptura com a ordem "normal". Era a primeira vez que um membro da classe trabalhadora alcançava a Presidência, uma instituição normalmente ocupada apenas por membros da classe dominante. Quando eleito e enquanto exercia o cargo, no entanto, Lula fez sempre questão de salientar e transferir a excepcionalidade de sua situação para as ações de seu governo — através do já citado bordão "nunca antes na história deste país". A lógica do discurso é a de que, por ser a primeira vez que um trabalhador ocupava a Presidência, era também a primeira vez que faziam políticas direcionadas para o povo. Do ponto de vista factual, é uma completa falácia — já que diversos governos realizaram políticas direcionadas para a classe trabalhadora —, mas de uma perspectiva simbólica se torna uma verdade, pois era a primeira vez que essas medidas eram tomadas pelos trabalhadores para os trabalhadores.

O estilo político de Lula, sua forma de fazer política, teve diversos traços transgressores. É verdade que isso era mais comum quando ele era líder sindical, e em suas primeiras campanhas eleitorais. Em 1989, disputando o segundo turno contra Collor, o contraste não poderia ser mais claro. Por mais que Collor também tivesse certos traços populistas — como vimos, populismo é uma questão de grau —, ele se apresentava como um engomadinho, com falas difíceis e pomposas. Lula, ao contrário, era um candidato barbudo, que às vezes se desviava da norma culta em suas falas, e muitas vezes parecia até maltrapilho.

Na campanha de 2002, os ternos e a barba de Lula já eram mais bem cortados, e seu discurso se tornou mais conciliador, até contido, mas ele seguiu com suas frequentes referências a hábitos populares. Mesmo na Presidência, em diversos momentos Lula rompeu com o protocolo, falando de modo coloquial, fazendo piadas e, sobretudo, referências à vida dos mais humildes. Em seu discurso, Lula se refere com bastante frequência à sua própria experiência de vida na pobreza, o que envolve falar de quando passou fome, mas também do universo cultural que se poderia chamar de "popular". Isso fica claro em suas famosas metáforas futebolísticas — afinal, o futebol é o esporte mais popular do país — e nas suas referências a churrasco com picanha e cerveja. E as menções a esse universo não são apenas da boca para fora, por assim dizer. Em certa medida, Lula encarna esse estilo. Durante suas férias quando era presidente, por exemplo, se deixava fotografar sem camisa na praia, ou carregando uma caixa de isopor apoiada na cabeça.

Lula está totalmente consciente da tensão que

existe entre o sofisticado e o popular. Em um comício em 24 de agosto de 2010, em Campo Grande, lembrou que no começo da sua carreira ele era discriminado por falar errado e não ter diploma de ensino superior: "Hoje eu falo 'menas laranja' e as pessoas acham engraçado, mas quando eu falava em 1989 eu era um 'anarfa'". Seu argumento é o de que as pessoas não devem ser discriminadas por sua origem humilde, por não terem tido educação formal, por não falarem inglês. Seu governo, segundo ele próprio, lutou contra o preconceito. E, como Lula sempre diz, isso incluiu trazer setores historicamente subalternizados para dentro dos palácios onde antes não passavam nem na porta.

Nesse sentido, a dimensão simbólica da Presidência foi totalmente transgredida com a chegada de Lula. O espaço de poder por excelência — o cargo mais importante da nação, que historicamente está destinado às elites dirigentes — passou a ser ocupado por um membro das classes subalternizadas, desprovidas de poder. Por mais que o Brasil seja uma República, a instituição da Presidência é uma herança monárquica, assim como em muitos outros países. O presidente do Brasil é em alguma medida um monarca civil. Ora, como é possível que um plebeu possa ocupar uma posição para a qual só se deveria ascender por direito sanguíneo? Essa ideia monárquica e aristocrática que as elites alimentam sobre as instituições brasileiras parece ser o melhor caminho para explicar o seu ódio a Lula. O líder petista jamais incomodou as elites com suas políticas — muito pelo contrário, ele as beneficiou como poucos. O que gera pavor e horror é a própria presença e existência política de Lula, que uma pessoa da classe trabalhadora ocupe um lugar que só poderia ser ocupado pela elite. As principais críticas a Lula vão exatamente nessa direção: "grosseiro", "mal-educado", "analfabeto", "cachaceiro". Todos os preconceitos das elites contra a classe trabalhadora são dirigidos a Lula. Muito mais do que suas ações, sua presença é em si transgressora, a materialização do antagonismo "povo" e "elites".

As transgressões de Bolsonaro

Jair Messias Bolsonaro, embora oriundo de um meio humilde, não representa por si só uma transgressão. Sua identidade política é a de um militar, um estrato com prestígio social. Portanto, por mais "grosseiro" que Bolsonaro possa ser, isso não incomoda as elites, pois ele não as ameaça. Pelo contrário, o discurso de Bolsonaro aponta para o cerceamento e a repressão de qualquer voz que ouse questionar as desigualdades socioeconômicas. De norte a sul do Brasil, as elites majoritariamente celebraram a ascensão de Bolsonaro. Sua eleição foi comemorada à base de muita champanhe francesa nos mais seletos clubes, do Gávea Golf ao Harmonia, passando pelos Country Clubs.

Em certa medida, contudo, Bolsonaro inclui setores excluídos. Seu discurso dialoga com setores que se sentem ameaçados pelas mudanças que vêm ocorrendo no mundo, e muitos são de fato precarizados e se sentem sem voz. Mas essa inclusão se dá pela via do ressentimento. O que acaba emergindo, então, são franjas da direita radical, muitas vezes próximas das milícias, que desde a redemocratização atuavam sobretudo às sombras. Trata-se de uma inclusão paradoxal, porque tem caráter excludente — não pretende expandir direitos, universalizar a cidadania, aprimorar os pontos cegos da democracia liberal. Pelo contrário, a incorporação do que Hannah Arendt chamou de "ralé" tem o objetivo de reafirmar a ordem, de impor uma hierarquia social em que a violência contra os demais setores subalternizados se mantenha, assim como seu silêncio.[37]

Por não representar uma ruptura estética em termos de inclusão de grupos subalternizados na política, a dimensão transgressiva do populismo de Bolsonaro precisa se basear mais pesadamente, quando não de forma exclusiva, nas performances do líder. A imagem de Bolsonaro também subverte a norma, não tanto pelo que sua identidade representa, mas pelo seu gestual. Os gestos de Bolsonaro são construídos como se compusessem uma liturgia da transgressão, que passa primeiro pela vestimenta do presidente, em segundo lugar pelo seu estilo de vida e por fim pelo linguajar falado e corporal a que recorre.

Líderes que recorrem a gestos para transgredir a norma e dessacralizar a função presidencial não são uma novidade. No Brasil, talvez o mais impactante seja Jânio Quadros, presidente no início dos anos 1960. Jânio recorria a diversos gestos contraintuitivos que "deselitizavam" seu cargo. A mais famosa era a prática de sacar do bolso, em meio a comícios em praça pública, um sanduíche de pão com mortadela e de comê-lo na frente do povo. A mortadela, mais barata do que o presunto ou a carne, era o ingrediente mais acessível para os trabalhadores. Ao se alimentar dessa forma, ele pretendia mostrar que era de verdade um membro do povo e não da elite dirigente. O presidente era gente como a gente.

Bolsonaro leva essa prática de Jânio ao extremo, a começar pela sua vestimenta. Ele abre mão muitas vezes do terno e da gravata, está sempre usando uma camisa de time de futebol diferente (já vestiu a de mais de vinte clubes, incluindo o xv de Piracicaba, o Brusque Futebol Clube, e até uma cópia falsificada da camisa do Palmeiras, sua equipe do coração), às vezes debaixo do paletó, com frequência aparecendo de chinelos. Está constantemente malvestido, com o propósito de dessacralizar a imagem do presidente da República.

O mesmo se aplica aos hábitos alimentares. Em suas viagens internacionais, Bolsonaro recusa os grandes coquetéis e restaurantes finos — apareceu comendo em cantinas na Suíça, pizza na rua nos Estados Unidos e miojo brasileiro no Japão. A foto de 2018, do então presidente eleito comendo, a uma mesa não posta, o pão francês com leite condensado, com camisa de futebol e de chinelos, sintetiza a imagem que ele deseja projetar. O pão com leite condensado é a sua versão do sanduíche de mortadela de Jânio.

Bolsonaro não fala como outros presidentes. Aqui também ele rompe com o protocolo: não usa um registro polido ou formal. Coloquial, e muitas vezes grosseiro, transmite a impressão de alguém que diz o que pensa, se comunicando com a população como se estivesse num botequim. O recurso constante a palavrões e à linguagem chula e violenta pretende mostrar que o presidente não "engole sapos", que é uma pessoa como outra qualquer, que não consegue esconder sua revolta. Ao contrário dos políticos tradicionais, seria realmente do povo, e não consegue ser dissimulado ou falso. Bolsonaro tem um domínio frágil da língua portuguesa e faz questão de falar de um modo tido como "errado": conjugando mal, não usando o plural quando deve, projetando assim a imagem de uma pessoa humilde, cujo domínio do idioma não está acima do demonstrado pela maioria do restante da população. A exaltação do "falar errado" se materializa em algumas expressões que se tornaram icônicas, como o "taoquei?". Subverter a norma culta e as imposições do politicamente correto na Presidência da República é algo que nem Lula nem Jânio se atreveram a fazer, pelo menos não nesse nível.

A quebra de protocolo se aplica também aos momentos de grandes tragédias. Diante de catástrofes naturais, os líderes políticos adotam geralmente dois registros de linguagem: de luto pela perda de vidas e de união para a superação dos desafios. Em plena pandemia de covid-19, nos dois anos da maior crise de saúde da história do Brasil, o presidente quebrou ativamente o protocolo do luto e da união. No lugar de palavras de conforto e de reconhecimento, disse coisas como "Quer que faça o quê?", "Não sou coveiro!", entre outros tantos desrespeitos. Em vez de palavras conciliatórias e acenos para uma ação conjunta de todas as esferas de poder, denunciou uma suposta "ditadura" de governadores e prefeitos. Bolsonaro transgrediu a maneira como se responde a catástrofes naturais de uma forma nunca antes vista na história de nosso país.

Ao contrário de Lula, a quebra de tabus de Bolsonaro não serve para incorporar os setores excluídos, mas para reforçar modos de dominação. Nessa mistura de bufão desajeitado e pai severo,[38] a transgressão de que Bolsonaro faz uso envolve a quebra de tabus, mas para afirmar uma "vontade de poder" — o desejo perverso de fazer o que quiser, quando quiser, do jeito que quiser, e os incomodados que se mudem. De preferência para Cuba. Embora Bolsonaro apele com frequência à ideia de liberdade, trata-se da "liberdade" que habita as fantasias do triunfo da vontade de um homem viril, que se impõe sobre todos os demais.

TRANSFORMAÇÕES INSTITUCIONAIS

A associação entre populismo e crise institucional é um lugar-comum. Pouco se fala, no entanto, da força instituinte que o populismo pode representar. Instituições não devem ser entendidas apenas como prédios com funcionários e carimbos — são regras de vida em comunidade, e a maior parte delas não é escrita. Mas, obviamente, não se pode ignorar as transformações que o populismo promove nas leis escritas, nas políticas públicas e nas bases do que se convenciona chamar de democracia liberal.

Chantal Mouffe costuma diferenciar populismo

de revolução. Para ela, o populismo não é revolucionário, não busca romper com a democracia liberal, mas tenta aprimorá-la por dentro, criando uma nova hegemonia dentro do paradigma liberal democrático.[39] Concentrando-se em exemplos de esquerda, mas de forma nenhuma se restringindo a eles, Mouffe tem em mente movimentos como o Podemos na Espanha, ou ainda a França Insubmissa de Jean-Luc Mélenchon, o Partido Trabalhista britânico sob a liderança de Jeremy Corbyn e as campanhas de Bernie Sanders à Presidência dos Estados Unidos. Contudo, no ponto em que distingue entre populismo e revolução, talvez a posição de Mouffe seja problemática. A verdade é que a distinção entre disputa hegemônica e revolucionária é difícil de se sustentar.

Por exemplo, alguns movimentos populistas se nomearam ou adotaram comportamentos revolucionários, levando a assembleias constituintes e novos ordenamentos do Estado. Algumas dessas "revoluções" populistas aprofundaram a democracia em seus países, dando voz a setores excluídos, mas sem colocarem em xeque os princípios do liberalismo político. Esse é o caso da Bolívia de Evo Morales, que em quinze anos de governo modificou profundamente a vida política do país, aprofundando a participação social e transformando-o em uma república plurinacional. Porém houve outras "revoluções" populistas que dinamitaram a democracia liberal. O caso mais clássico é o da Venezuela de Hugo Chávez. Eleito em 1998, ele rapidamente modificou a Constituição do país com o objetivo declarado de expandir direitos e incluir minorias. No entanto, o que se viu na prática foi um recrudescimento dos antagonismos no país, onde a democracia liberal se deteriorou pouco a pouco. Hoje, os militares controlam os principais setores da economia, e a Venezuela tem presos políticos e eleições contestadas. E, por fim, é preciso indicar que há movimentos populistas que nunca se propuseram como "revolucionários", mas que aos poucos reformaram o sistema legal do Estado a ponto de torná-lo irreconhecível, como o de Viktor Orbán, na Hungria.[40]

Lula e as instituições

Em grande medida o conceito de povo de Lula é inclusivo. A tônica de seu discurso não alimenta o ressentimento em relação às elites. Apesar de considerá-las ingratas e cobiçosas, seu objetivo nunca é o de eliminá-las, ou de expurgá-las. Da mesma forma, o "povo" no discurso de Lula não discrimina contra setores subalternizados. Ao contrário, ele os acolhe.

O próprio fato de setores subalternizados terem voz e serem vistos já representa uma mudança institucional — de novo, não no sentido de prédios, funcionários e carimbos, mas as instituições entendidas como regras da vida em comunidade. O racismo, a misoginia e todas as demais formas de dominação também são instituições que infelizmente ainda funcionam muito bem no Brasil. O racismo e a misoginia são hegemônicos porque a regra não escrita da vida política brasileira é de que negros, mulheres e outros grupos subalternizados fiquem fora de cena, não tenham voz.

Nesse sentido, a transgressão estética do lulismo que dá visibilidade aos subalternizados já é por si só um ato contra-hegemônico, uma mudança institucional, mas prossegue em transformações institucionais no sentido mais estrito do termo, envolvendo leis e políticas públicas. A primeira política pública de inclusão dos setores subalternizados foi sem dúvida o Bolsa Família. No discurso antipopulista corrente, há quem diga que programas sociais desse tipo seriam clientelistas, e que o populismo como um todo teria caráter clientelista — inclusive o próprio Weffort flertou com essa ideia.[41] No entanto, programas como o Bolsa Família são o inverso do clientelismo, que se define por uma troca de favores pessoais que prende o cidadão a um político — por exemplo, quando um eleitor vota em certo candidato porque lhe deu uma dentadura, um remédio, uma cesta básica. Um programa como o Bolsa Família é impessoal: o benefício é pago a milhões de cidadãos que se enquadram no perfil do programa e que cumpram regras como vacinação e matrícula de crianças na escola, independentemente de qualquer outra contrapartida. Se a partir daí um vínculo de gratidão se estabelece, trata-se de algo que pode acontecer com qualquer política pública. Mas, em vez de aprisionar o cidadão ao político que lhe dá a dentadura, o programa social o liberta.

É preciso citar também outras importantes mudanças institucionais. Em um país como o Brasil, as políticas de cotas raciais foram uma mudança estrutural, assim como a Lei Maria da Penha — de proteção às vítimas de violência de gênero — e a decisão de pagar o benefício do programa Bolsa Família para a mulher, mudando a dinâmica de poder em vários lares.

Mesmo reconhecendo todas essas transformações, e apesar de o governo Lula ter sido percebido como transgressor sobretudo por aqueles que estavam confortáveis com o discurso hegemônico, na prática os avanços foram tímidos. Há ainda muito a fazer em termos de direitos reprodutivos, de representação de grupos discriminados no parlamento e de redução das desigualdades nas mais diversas dimensões. Da mesma forma, a pauta ambiental ainda patina no Brasil, e nunca foi central no discurso lulista.

É preciso apontar também que um efeito colateral dos governos do PT foi a perda de contato com a rua. À medida que militantes petistas conseguiam alguma inserção institucional — entendendo instituição aqui como máquina pública —, muitas vezes com cargos e fundos, os movimentos sociais passaram a ser progressivamente tutelados, quando não ignorados. A burocratização do partido no poder em certa medida reduziu o vínculo com as bases que haviam participado da sua fundação, além de manter o governo alheio a mudanças nos próprios movimentos sociais. As manifestações de junho de 2013 irromperam de maneira "desorganizada" e descentralizada, escancarando o distanciamento dos governos com os anseios de grande parcela da população. O PT e o Lula parecem não entender até hoje o que aconteceu, insistindo em sua denúncia de manipulação da mídia e da direita.

Em última análise, ao contrário do que dizem os que acusam Lula de querer "dividir" o Brasil, o antagonismo nos governos do PT foi sempre amenizado. Lula propôs regular o setor econômico das empresas produtoras de mídia e entretenimento, tema absolutamente consensual na Europa e nos Estados Unidos, algo que por aqui foi traduzido de maneira paranoica como limitação à liberdade de imprensa. No primeiro pito dos principais grupos empresariais — que de fato são pouquíssimos, o que justificaria uma regulação —, o ex-presidente rapidamente voltou atrás.

No que diz respeito a reformas na organização do Estado, a Presidência de Lula foi marcada por um paradoxo, solidificando duas instituições que viriam a entrar em choque. Durante seu governo, a administração pública direta foi reforçada, e as carreiras de serviço público, estruturadas. Instituições como a Polícia Federal, o Ministério Público, o Tribunal de Contas da União e a Controladoria-Geral da União ganharam uma autonomia inédita. Porém nem sempre esses ganhos de autonomia tiveram consequências positivas. Na prática, a autonomia dada aos órgãos de controle gerou uma autofagia institucional, sendo determinante para os abusos de poder de alguns funcionários de carreira, que se excederam em suas funções e, numa sanha anticorrupção, passaram a impedir a atuação do setor público. Nos últimos anos, o temor de serem acusados de alguma irregularidade levou muitos agentes públicos a se omitir em tomar decisões e assinar quaisquer documentos. Esse chamado "apagão das canetas", ocorrido nos governos Dilma, Temer e Bolsonaro, é consequência direta do fortalecimento institucional excessivo dos órgãos de controle promovido por Lula. Nesse sentido, não podemos deixar de sublinhar que a própria prisão de Lula, após um julgamento midiatizado, marcado pelo cerceamento do direito de defesa e por inegáveis ilegalidades cometidas pelo então juiz Sergio Moro, foi favorecida pelo corporativismo do sistema judiciário.

Por outro lado, o ex-presidente fortaleceu outra instituição — não escrita — que viria a entrar em rota de colisão com as instâncias de controle: aquilo que Sérgio Abranches batizou como presidencialismo de coalizão.[42] Fruto das regras eleitorais brasileiras que fragmentam o parlamento, combinadas com nossa cultura política conciliatória, imobilista e corrupta, o presidencialismo de coalizão foi elevado por Lula a outro patamar. Em troca da governabilidade, foram entregues ministérios inteiros de "porteira fechada", governos locais muito corruptos receberam apoio financeiro, e a corrupção dentro das estatais se sistematizou. É verdade que, após o escândalo do mensalão, Lula propôs timidamente uma reforma política que reduzisse o poder de barganha de partidos tradicionais e a necessidade de cooptar aliados controversos com cargos e fundos. Criticado pelos seus opositores e pela imprensa, que insuflam o discurso anticorrupção, mas viram na iniciativa de Lula um perigo "populista", o presidente logo recuou. Mas, de qualquer forma, parte dos impasses da gestão petista nasceu do choque dessas duas institucionalidades fortalecidas pelo próprio Lula.

Bolsonaro e as instituições

A relação de Bolsonaro com as instituições é muito distinta da estabelecida por Lula — e em todos os sentidos da noção de instituição. Por um lado, se a transgressão de Lula incentivou uma ruptura, mesmo que tímida, com instituições não escritas como o racismo e a misoginia, o aspecto transgressivo de Bolsonaro na verdade reforça essas formas de dominação. Por outro, se Lula reforçou mecanismos de controle que viriam a se chocar com as práticas patrimonialistas dentro do próprio governo, desde sua posse, em janeiro de 2019, Bolsonaro atua abertamente para enfraquecer todas as instituições autônomas da administração federal — ao mesmo tempo que permite a perpetuação e o aprofundamento de práticas corruptas.

Nas palavras do próprio Bolsonaro, sua principal missão no poder não é "construir coisas para o nosso povo". Ao contrário, segundo ele é necessário "desconstruir muita coisa". Seria apenas assim, fazendo uma tábula rasa do passado, que depois se poderia erguer um novo país.

Ministérios cruciais do ponto de vista administrativo e com corpos de funcionários concursados foram fechados, como o do Planejamento e o do Trabalho. Seu ministro do Meio Ambiente, que viria a cair após se envolver em um escândalo de tráfico de madeira ilegal, chegou a declarar que seu objetivo no cargo era desmantelar a legislação ambiental brasileira, aproveitando-se do foco que a mídia dava à pandemia para "passar a boiada" da desregulamentação.[43] A Funai foi entregue a defensores do garimpo em áreas protegidas de terras indígenas, e a Fundação Palmares, a uma gestão abertamente hostil aos movimentos antirracistas. Entidades como o Ibama, o ICMBio, o Iphan foram sucateadas, assim como as universidades federais. O financiamento público de atividades culturais e científicas simplesmente estancou. Os patrocínios governamentais aos veículos de comunicação foram repassados apenas para emissoras e jornais simpáticos ao governo. Imprensa, pesquisa científica, educação universitária, produção artística, organizações da sociedade civil — todas foram muito enfraquecidas. Nesse sentido, se Bolsonaro fez alguma coisa, foi justamente combater aquilo que entende como sendo essa "elite" superpoderosa.

Jair Bolsonaro considera que as últimas três décadas, que coincidem com a Nova República e com a constituição e solidificação das instituições democráticas liberais, representam uma deterioração para o país. É claramente hostil à ideia de equilíbrio de poderes — a de que um poder deveria controlar o outro —, uma prerrogativa que está na base da democracia liberal e evita que o regime se torne uma tirania da maioria. O presidente ataca o tempo todo os poderes Legislativo e Judiciário, sob o argumento de que as instituições o impedem de governar. A lógica do presidente é a de que foi eleito pela maioria da população para executar um programa e que tanto o Congresso quanto o Supremo Tribunal Federal o impediram de aplicá-lo. Descontente com algumas decisões do STF, Bolsonaro ameaça descumpri-las. Além disso, declara seu interesse em aparelhar o tribunal com juízes que lhe sejam subservientes, isso quando não ameaça pura e simplesmente fechar a corte — bastando para isso "um cabo e um soldado", como havia dito um de seus filhos antes das eleições.[44] No que diz respeito ao Ministério Público, Bolsonaro nomeou um procurador-geral da República que se notabilizou por não dar prosseguimento a acusações de crime de responsabilidade contra o presidente.

O interesse de Bolsonaro em tutelar as instituições de controle vai além de seu desejo de implementar um projeto hostil à democracia liberal: há também o interesse em poupar a si mesmo e a sua família de investigações judiciais. Seus ataques mais virulentos ao STF ocorreram quando a corte avançava em inquéritos que ligavam seus familiares e aliados próximos às práticas ilegais do "gabinete do ódio", além das acusações de corrupção que os envolveriam. Nas últimas três décadas, paradoxalmente graças à redemocratização que eles tanto desprezam, o clã Bolsonaro vem ocupando cargos eletivos. É dessa atividade, a princípio lícita, que vem quase toda a renda da família. Entretanto, há acusações de que Bolsonaro e seus filhos políticos teriam o hábito claramente criminoso de contratar funcionários-fantasmas que devolveriam parte do salário para a família. Segundo as acusações, participariam desse esquema figuras ligadas ao crime organizado, notadamente a grupos milicianos que dominam algumas comunidades no Rio de Janeiro.

Por fim, é preciso acrescentar que, se por um lado, ao contrário de Lula, Bolsonaro enfraquece todas as instituições de controle, por outro reafirma os piores hábitos do presidencialismo de coalizão. A promessa de campanha de encarnar a "nova política" e de "romper com tudo que está aí" talvez tenha sido cumprida ao longo do primeiro ano de governo. A partir de 2020, porém, Bolsonaro costurou uma aliança com o "centrão" para conquistar o controle do Legislativo, e desde 2021 Bolsonaro vem hipotecando uma série de ministérios para os partidos tradicionais. A chegada do senador Ciro Nogueira — uma das grandes lideranças do "centrão" — ao Ministério da Casa Civil e a distribuição de emendas para parlamentares alinhados ao governo são provavelmente os dois fatos mais sintomáticos dessa mudança. O escândalo do chamado "orçamento secreto" ultrapassa em muito os valores envolvidos nos casos de corrupção dos governos petistas.

CONCLUSÃO
A FORÇA DO POPULISMO

Este livro começou com um problema: estudar o significado da palavra "populismo" de forma a entender como foi usada para criar uma simetria entre Lula e Bolsonaro. Na busca por uma resposta, voltamos ao período de 1946 a 1964, quando o termo começou a ser usado no país de forma mais disseminada, para estudarmos os jogos de linguagem ao redor dessa palavra. O que percebemos é que a palavra "populismo" entrou no vocabulário político brasileiro precisamente quando tivemos nossa primeira experiência de democracia de massas.

A introdução do termo não foi gratuita. Em um primeiro momento, ela visava fortalecer um campo "ruim de voto", que encontrava dificuldades para ganhar eleições num contexto em que o eleitorado crescia e se modificava. Aqueles que incorporaram a palavra "populismo" ao léxico político brasileiro seriam os mesmos responsáveis pelo término desse período democrático em nossa história. Eram saudosos da "República Oligárquica", em que o jogo institucional acontecia sem a participação direta da população. Acusar os adversários de "populismo" era uma expressão própria do desconforto com a inclusão de setores subalternizados. Nossa pesquisa também mostrou que, mesmo após a redemocratização, os antipopulistas de direita seguem hostis à emergência do "povo" como sujeito político, considerando que as questões políticas devem ser resolvidas por técnicos. Em suma, são narcisistas: ao apresentarem o "populismo" como um significante vazio negativo, que reúne e sintetiza todo o mal, os antipopulistas se eximem de avaliar as falhas e vulnerabilidades do discurso hegemônico que defendem. O antipopulismo acaba reproduzindo a própria dinâmica que diz ver no populismo: uma demagogia simplificadora e moralista, na qual as promessas não cumpridas da democracia liberal são ignoradas. O problema está nos outros, em alguma degeneração moral, selvageria.

Ao estudarmos os jogos de linguagem ao redor do termo "populismo", foi curioso ver como o antipopulismo também pode se manifestar à esquerda, em especial quando influenciada por algumas interpretações do marxismo. À sua maneira, os antipopulistas de esquerda também são elitistas, pois afirmam saber para onde os trabalhadores deveriam ir. Ignorando o interesse do próprio Marx pelo populismo no final de sua vida, idealizam uma classe revolucionária que nunca se constituiu nos moldes sonhados, e recorrem ao termo "populismo" para maldizer o primeiro período de democracia de massas no Brasil, apresentado como manipulador e conservador.

Em meio a tantos ataques, no entanto, descobrimos que a palavra "populismo" foi reivindicada por movimentos que viam a importância de incluir as massas no processo político. Esse uso do termo se combina com o entendimento de que o "populismo" de Getúlio Vargas, com seu apelo aos "trabalhadores do Brasil", em grande medida continuado por Juscelino Kubitschek e João Goulart, transformou o país: houve expansão de direitos e inclusão de setores subalternizados. Nosso caminho como sociedade liberal democrática dava seus primeiros passos, e essa expansão foi considerada intolerável e provocou o golpe militar de 1964 — que, mais do que interromper o curso da história, faria uma violenta mudança de rota.

Ao estudarmos e desconstruirmos os diversos usos da palavra "populismo", pudemos apresentar uma definição do termo que acreditamos ser mais robusta, e que toma distância em relação ao tom pejorativo que lhe foi atribuído. Defendemos que, por si só, o populismo não deve ser temido — não é sinônimo de manipulação, desrazão, conservadorismo, imobilismo ou irresponsabilidade. O populismo deve ser visto como forma de mobilização que cria sujeitos políticos. Baseia-se na oposição entre o "povo" e as "elites", é esteticamente transgressivo, e constitui uma força capaz de transformar instituições.

Acima de tudo, entendemos que o populismo pode assumir diversas formas. Não se pode falar de populismo no singular, e sim de populismos, no plural. Há diversos tipos de populismo, muitas vezes separados por um abismo. E é com esse entendimento que conseguimos finalmente avaliar as equivalências que se tentam fazer entre Lula e Bolsonaro ao apresentar os dois como "populistas".

As aproximações feitas pela imprensa e formadores de opinião entre Lula e Bolsonaro, por mais exageradas e imprecisas, partem de um ponto de vista válido. De fato, em algum grau tanto Lula quanto Bolsonaro apresentam traços populistas: ambos dividem o campo político opondo o "povo" contra as "elites", têm um estilo esteticamente transgressivo, e, ao constituírem o "povo" como sujeito político, se convertem em forças políticas capazes de transformar as instituições. No entanto, apesar disso, usar essa palavra para descrevê-los pode gerar confusão, precisamente por ignorar que os populismos são plurais. Partindo dessa perspectiva, percebemos que nenhuma simetria entre os dois se sustenta.

Na história do Brasil há várias tradições populistas das quais Lula e Bolsonaro se aproximam, que de forma nenhuma devem ser colocadas no mesmo balaio. Bolsonaro, por exemplo, é comparado a líderes populistas do passado. Há quem trace um paralelo entre ele e Jânio Quadros, como o bufão escolhido pelas elites tradicionais "ruins de voto" como meio para chegarem ao poder, com a ilusão de que conseguiriam controlá-lo. As semelhanças de fato existem, em especial no jeito destrambelhado, no moralismo anticorrupção e na malfadada tentação golpista, mas a fonte do populismo de Bolsonaro parece ser primordialmente outra. Se há populismo em Bolsonaro, trata-se de um estilo que retoma a tradição do primeiro grupo político a reivindicar esse termo no Brasil: os integralistas de Plínio Salgado. Bolsonaro, que com frequência reafirma o lema integralista — "Deus, pátria e família" —, bebe da fonte de um tipo de populismo de direita reacionária que propaga o pânico moral para criar bodes expiatórios, que é esteticamente transgressivo para incluir a "ralé" fascistoide, e que almeja implodir a democracia liberal.

O caso do populismo de Lula é muito diferente. É verdade que o novo sindicalismo em que Lula começou sua atividade política e que daria luz ao PT se opunha ideologicamente ao getulismo. Ao longo dos anos, porém, Lula se aproximou e em grande medida se reconciliou com a tradição do populismo inaugurada por Vargas, responsável pela crescente mobilização dos setores marginalizados do país. É inegável que, tal qual o getulismo à sua época, até hoje o lulismo teve seus limites e ambiguidades. Mas isso não significa que devemos prescindir do populismo — seja com Lula, seja para além dele.

O populismo de tradição inclusiva talvez seja a única forma de democratizar sociedades profunda e crescentemente desiguais de maneira pacífica e participativa. Pode servir de antídoto para a tremenda divisão social e um acirramento dos ânimos que parece cada vez mais irreversível. Pode ser o meio de mobilizar as pessoas para enfrentarmos tanto o desafio da inclusão de setores subalternizados como a crise ambiental que ameaça nossa própria existência. Sobretudo no contexto brasileiro contemporâneo, parece ser especialmente importante quando o desafio posto é o de fazer frente ao bolsonarismo — um populismo reacionário cuja força política independe da presença de Bolsonaro no poder.

O populismo que defendemos não é de forma nenhuma um bolsonarismo com sinal trocado, pois o tipo de conflito entre "povo" e "elites" que engendra é de outra ordem. No caso do populismo reacionário de Bolsonaro, o antagonismo se estabelece entre inimigos: no pânico moral bolsonarista, o adversário político é alguém que deve ser destruído. Para Bolsonaro, o conflito tem como objetivo o fim do conflito através da aniquilação do outro. Ele fala em nome do "povo", mas o entende de modo exclusivista. Bolsonaro mobiliza emoções como ressentimento, ódio e cólera, que alimentam a hostilidade contra tudo o que é diferente e acirram as ameaças contra a democracia liberal.

O populismo inclusivo que defendemos mobiliza outros afetos, segue outra dinâmica. Não busca acabar com o conflito, considera que só há democracia liberal quando há dissenso, disputa entre projetos. A democracia liberal não se resume a instituições sólidas e livres. Sempre haverá pontos cegos na democracia liberal, pessoas às quais a promessa de liberdade e igualdade não chegou. Se não houver um tecido vibrante de movimentos sociais, de redes de solidariedade que desafiem, contestem e façam evoluir as instituições, a democracia liberal se transforma em simples instrumento para manutenção das desigualdades. O contrário do conflito não é uma sociedade igualitária e em que todos concordam em harmonia e regozijo, e sim uma sociedade apática, subjugada e despolitizada.

Compreender a importância do conflito para aprofundar a democracia liberal significa entender que o outro desse conflito não é um inimigo a ser abatido. Pelo contrário, o populismo que radicaliza a democracia liberal se abre ao diferente. A lógica vigente é a agonística, em que o outro é visto como um adversário a respeitar.

Buscar aprofundar a democracia liberal e se abrir ao diferente significa quebrar tabus. Em um país com o passado escravista e patriarcal como o Brasil, precisamos de um populismo que seja transgressivo porque tira trabalhadores, pretos, indígenas, mulheres e pessoas de gênero não binário da margem da política e os traz para o centro da esfera pública. E faz isso incluindo-os num "povo" com fronteiras abertas, um "povo" que aceita a vulnerabilidade da sua própria identidade, que questiona o tempo todo a sua própria identidade para poder incluir mais gente.

Contra a ideia de um "povo" exclusivista, o populismo que radicaliza a democracia liberal faz como o apóstolo Paulo, que transformou o cristianismo de uma seita de tribo em uma religião com vocação para abraçar a todos. O populismo que defendemos tem esse caráter aberto, que não apaga as diferenças. O "povo" se constrói valorizando a diversidade.

Por conta de seus diversos formatos, o populismo é marcado por ambiguidades. O fato de haver populismos de tipo reacionário e outros limitados, quando não limitadores, não nos deve fazer descartar de antemão essa estratégia de mobilização política. Em sua versão que radicaliza a democracia liberal, o populismo é emancipatório, e pode ser um importante instrumento para nos auxiliar na imensa tarefa de solucionar questões planetárias e ao mesmo tempo permitir a inclusão de setores marginalizados na política, em nome do "povo".

AGRADECIMENTOS

O encontro dos dois autores deste livro não teria ocorrido sem o think tank República do Amanhã, ao qual somos imensamente gratos. Gostaríamos também de agradecer a Sebastián Ronderos e Jason Glynos, que colaboraram com a pesquisa preliminar que sustenta o argumento deste livro. Este livro não seria possível sem nosso editor Otávio Marques da Costa, a quem agradecemos pela confiança depositada em nós e pelo compromisso com a publicação deste trabalho em um momento tão turbulento. Somos gratos também à sua excelente equipe de editores que colaboraram para aprimorar muito nosso texto. A Matheus Ichimaru Bedendo e Roberto Rigato Filho deixamos nossos mais sinceros agradecimentos pelos comentários pertinentes.

NOTAS

INTRODUÇÃO [pp. 7-22]

1. Livres, "Juntos, seremos livres do populismo!", Twitter, 2 set. 2021. Disponível em: <https://populismos.com.br/outdoor-livres>.
2. Ernesto Laclau, "Why do Empty Signifiers Matter to Politics?". In: *Emancipation(s)*. Londres: Verso, 1996, p. 39; "Populist Rupture and Discourse". *Screen Education*, v. 34, 1980, p. 90.
3. Ver por exemplo o editorial "Transe populista", *O Estado de S. Paulo*, 12 abr. 2021, p. A3.
4. "Em carta, FHC pede união contra candidatos radicais para evitar piora da crise", *Folha de S.Paulo*, 21 set. 2018, p. A4.
5. Eugène Ionesco, *Rhinocéros*. Paris: Gallimard, 1959, p. 46.
6. Gayatri Chakravorty Spivak, "Can the Subaltern Speak?". In: Cary Nelson, Lawrence Grossberg (Orgs.), *Marxism and the Interpretation of Culture*. Urbana: University of Illinois Press, 1988; Antonio Gramsci, *Subaltern Social Groups: A Critical Edition of Prison Notebook 25*. Nova York: Columbia University Press, 2021.
7. Hannah Arendt, *The Origins of Totalitarianism*. Nova York: Harcourt Brace Jovanovich, 1967, pp. 107-8, 155. Ver também Margaret Canovan, "The Contradictions of Hannah Arendt's Political Thought". *Political Theory*, v. 6, n. 1, 1978, pp. 9-10; Id., "The People, the Masses, and the Mobilization of Power: The Paradox of Hannah Arendt's 'Populism'". *Social Research: An International Quarterly*, v. 69, n. 2, p. 407.
8. Ernesto Laclau, "Populism: What's in a Name?". In: Francisco Panizza (Org.), *Populism and the Mirror of Democracy*. Londres: Verso, 2005, p. 45.

A HISTÓRIA DO POPULISMO NO BRASIL [pp. 23-84]

1. A ideia de estudar como essas esferas se misturam é inspirada em Anthony Giddens e tem sido explorada por Jason Glynos, Aurelien Mondon, Yannis Stavrakakis, Benjamin De Cleen e Jana Goyvaerts. No entanto, essas abordagens costumam estudar apenas como a academia influencia a mídia e a política, deixando de lado os outros sentidos dessa relação. Ver em especial Benjamin De Cleen, Jason Glynos e Aurelien Mondon, "Critical Research on Populism: Nine Rules of Engagement". *Organization*, v. 25, n. 5, 2018, pp. 649-61; Yannis Stavrakakis, "How Did 'Populism' Become a Pejorative Concept? And Why Is This Important Today? A Genealogy of Double Hermeneutics". *Populismus Working Paper*, n. 6, 2017; Jana Goyvaerts e Benjamin De Cleen, "Media, Anti-Populist Discourse and the Dynamics of the Populism Debate". In: Benjamin Kramer, Christina Holtz-Bacha (Orgs.), *Perspectives on Populism and the Media*. Baden-Baden: Nomos, 2020, pp. 83-108.

2. Uma discussão sobre a metodologia para a análise de fontes jornalísticas foi desenvolvida por Renée Zicman, "História através da imprensa: Algumas considerações metodológicas". *Projeto História*, v. 4, 1985, pp. 89-102.

3. Resultados preliminares dessa pesquisa foram publicados em Thomás Zicman de Barros e Sebastián Ronderos, "Populismo e antipopulismo na política brasileira: Massas, lógicas políticas e significantes em disputa". *Aurora: Revista de Arte, Mídia e Política*, v. 12, n. 36, 2020, pp. 31-48.

4. Karl Marx, "Letter to Otechestvennye Zapiski". In: *Marx and Engels Collected Works*. Londres: Lawrence & Wishart, 1989, v. 24, pp. 196-201; "Letter to Vera Zasulich". In: Ibid., pp. 370-1. Ver também Teodor Shanin (Org.), *Late Marx and the Russian Road: Marx and the Peripheries of Capitalism*. Londres: Verso, 2018.

5. Edward Shils, "Populism and the Rule of Law", *University of Chicago Law School Conference on Jurisprudence and Politics*, n. 15, abr. 1954, pp. 99-107; Richard Hofstadter, "The Folklore of Populism". In: *The Age of Reform*. Nova York: Vintage Books, 1955, pp. 60-93; Daniel Bell, "Interpretations of American Politics". In: *The Radical Right*. Nova York: Criterion Books, 1956; William Kornhauser, *The Politics of Mass Society*. Glencoe: The Free Press, 1959; Seymour Martin Lipset, *Political Man*. Nova York: Doubleday & Company, 1960. Ver também Anton

Jäger, "The Semantic Drift: Images of Populism in Post-War American Historiography and Their Relevance for (European) Political Science". *Constellations*, v. 24, n. 3, 2017, pp. 310-23.
6. Richard Hofstadter, "North America". In: Ghita Ionescu, Ernest Gellner (Orgs.), *Populism: Its Meanings and National Characteristics*. Letchworth: The Garden City Press, 1969, pp. 9-27.
7. Gino Germani, *De la sociedad tradicional a la participación total en América Latina*. Buenos Aires: Paidós, 1962.
8. Domingo Faustino Sarmiento, *Facundo: Civilización y barbarie*. Caracas: Fundación Biblioteca Ayacucho, 1993, p. 12; Miguel Lago, "Como explicar a resiliência de Bolsonaro?". In: Heloisa Starling, Miguel Lago, Newton Bignotto, *Linguagem da destruição: A democracia brasileira em crise*. São Paulo: Companhia das Letras, 2022, p. 35.
9. O primeiro texto brasileiro sobre o populismo, de Hélio Jaguaribe, foi escrito entre janeiro e junho de 1954, no Rio de Janeiro, enquanto o trabalho pioneiro de Shils sobre populismo e macarthismo foi publicado em abril do mesmo ano, em Chicago.
10. "Populista". In: *Pequeno Dicionário Brasileiro da Língua Portuguesa*. Rio de Janeiro: Civilização Brasileira, 1951.
11. "A volta do Acre ao regime das prefeituras", *Diário da Noite*, 22 mar. 1934, p. 1; "A situação política no Rio Grande do Norte", *Diário da Noite*, 14 ago. 1934, p. 9.
12. Celso Lafer, *The Planning Process and the Political System in Brazil: A Study of Kubitschek's Target Plan (1956-1961)*. Tese de doutorado. Universidade de Cornell, jun. 1970, pp. 22-39.
13. Nesse sentido, nosso estudo contradiz a interpretação de Jorge Luiz Ferreira, segundo o qual, entre 1946 e 1964, "muito raramente eram utilizados" os termos "populista" e "populismo". Jorge Luiz Ferreira, "O nome e a coisa: O populismo na política brasileira". In: Jorge Luiz Ferreira (Org.), *O populismo e sua história: Debate e crítica*. Rio de Janeiro: Civilização Brasileira, 2000, p. 115.
14. Os antigos integralistas passaram a se referir como "populistas", por exemplo, no informe publicitário "Partido de Representação Popular: Aviso aos populistas do estado", *O Estado de S. Paulo*, 26 out. 1946, p. 3. Ver também a entrevista de Plínio Salgado a Cláudio Medeiros Lima, "Nem violência, nem ditadura para o combate ao comunismo, proclama Plínio Salgado", *O Jornal*, 7 maio 1948, p. 3.
15. "A batalha carioca", *O Jornal*, 20 dez. 1946, p. 3.

16. Carlos Lacerda, "O incidente de Moscou", *Correio da Manhã*, 20 dez. 1946, p. 2. Ver também a referência de Lacerda à "falsificação populista" de Prestes em Id., "O homem lívido," *Correio da Manhã*, 24 fev. 1946, p. 2.
17. Id., "Se nós fossemos paulistas", *Correio da Manhã*, 31 out. 1947, p. 2.
18. José Eduardo Macedo Soares, "O Brasil destroçado", *Diário Carioca*, 21 maio 1947, p. 1. Para a resposta de um apoiador de Adhemar de Barros aos ataques de Macedo Soares, ver também José Maria dos Santos, "O 'Populismo Sórdido'", *Correio da Manhã*, 24 maio 1947, p. 5.
19. Francisco de Assis Chateaubriand, "Firme como o Pão de Açúcar", *O Jornal*, 26 jan. 1947, p. 4.
20. Murilo Marroquim, "Ontem, na constituinte: as dificuldades da coalizão", *O Jornal*, 21 jun. 1946, p. 3.
21. Id., "A questão social no acordo PR-PTB", *O Jornal*, 23 jun. 1946, p. 1.
22. Id., "As bases da anunciada nova política do presidente Dutra", *O Jornal*, 11 jan. 1947, p. 3.
23. Id., "Riscos inevitáveis," *O Jornal*, 29 jun. 1948, p. 3.
24. Francisco de Assis Chateaubriand, "A solidariedade democrática", *O Jornal*, 26 fev. 1949, p. 2.
25. Murilo Marroquim, "Coordenação partidária ou perigo para o regime", *O Jornal*, 16 fev. 1949, p. 3. Ver também Id., "Pacificação mineira, vitória de Dutra", *O Jornal*, 19 abr. 1949, p. 3.
26. "Reconstituição da histórica palestra Milton Campos-Dutra no salão de despachos do Rio Negro", *Diário da Noite*, 21 mar. 1949, pp. 1, 6. Alguns dias depois, Dutra voltaria a atacar o "populismo", como citado na reportagem fotográfica "O cidadão Eurico Dutra", *O Cruzeiro*, 26 mar. 1949, p. 13.
27. Murilo Marroquim descreve essa situação em "A missão do sr. Prado Kelly em Minas," *O Jornal*, 8 fev. 1949, p. 3.
28. Regina Sampaio, *Adhemar de Barros e o PSP*. São Paulo: Global, 1982, pp. 40-8.
29. "Bases do ademarismo em Minas", *O Jornal*, 27 abr. 1949, p. 3.
30. Alberto Pasqualini, citado em "Quase certa a candidatura Vargas", *O Jornal*, 1 jun. 1949, p. 8.
31. "As atividades do governador paulista", *Diário de Notícias*, 27 abr. 1949, p. 4. Ver também "Essa é a demagogia de que o país está necessitando", *O Jornal*, 28 abr. 1949, p. 12.

32. Pedro Aleixo, citado em "Máscara para esconder a verdadeira face", *A Manhã*, 8 maio 1949, p. 9.
33. "A nação está ameaçada de submergir no caos", *Folha da Manhã*, 11 maio 1949, p. 2. Ver também "O 'Populismo'...," *Diário Carioca*, 12 maio 1949, p. 4.
34. O discurso radiofônico de Adhemar de Barros foi transcrito em "Adhemar denuncia uma terceira ofensiva contra São Paulo", *Diário da Noite*, 13 maio 1949, p. 14.
35. Murilo Marroquim, "Adhemar desfecha campanha populista", *O Jornal*, 14 maio 1949, p. 3. Para mais exemplos da repercussão do discurso de Adhemar de Barros na mesma edição, ver também "Resposta de Adhemar de Barros aos inimigos do movimento populista", Ibid., p. 8.
36. Osvaldo Chateaubriand, "Elites e populismo", *O Estado de S. Paulo*, 14 nov. 1950, p. 15. Ver também A. R. Gama, "Teoria e prática do populismo demagógico", *Diário de Notícias*, 21 maio 1949, p. 6.
37. "Integralistas e ademaristas brigam pelo 'populismo'", *Diário da Noite*, 7 jul. 1949, p. 18.
38. Sobre a entrada das massas na política, ver as reflexões de Murilo Marroquim à época em "Garcez no PSD: Um candidato novamente à vista", *O Jornal*, 22 out. 1953, p. 3.
39. Celso Lafer, *O sistema político brasileiro: Estrutura e processo*. São Paulo: Perspectiva, 1975, p. 69.
40. "Populismo". In: *Dicionário Contemporâneo da Língua Portuguêsa* [Caldas Aulete]. Rio de Janeiro: Delta, 1958.
41. "Populismo". In: *Pequeno Dicionário Brasileiro da Língua Portuguesa*. Rio de Janeiro: Civilização Brasileira, 1961.
42. Um exemplo dos debates internos da UDN sobre o populismo aparece em "As duas entrevistas", *O Jornal*, 22 out. 1953, p. 3.
43. Maria Victoria Benevides, *A UDN e o udenismo: Ambiguidades do liberalismo brasileiro (1945-1965)*. Rio de Janeiro: Paz e Terra, 1981, p. 215.
44. Ibid., p. 78.
45. Carlos Lacerda, "Advertência oportuna", *Tribuna da Imprensa*, 1º jun. 1950, p. 4.
46. "Populismo: Máximo de voto no mínimo de legenda", *Manchete*, 11 jan. 1958, pp. 10-13.
47. Maria Victoria Benevides, *A UDN e o udenismo*, op. cit., pp. 107, 114.
48. Essa ideia, repetida diversas vezes por políticos da UDN, teria sido for-

mulada por Juraci Magalhães, presidente do partido a partir de 1956. Ibid., p. 105. Ele de fato a usa em comícios, como descrito em "Andradina, Birigui e Araçatuba receberam anteontem a visita da caravana da UDN", *O Estado de S. Paulo*, 1º out. 1957, p. 5. A mesma fórmula foi inscrita no programa do partido em 1958, e pode ser lida no informe publicitário assinado por Roberto de Abreu Sodré, "A linha popular da UDN", *O Estado de S. Paulo*, 1º out. 1958, p. 4.

49. Murilo Marroquim, "Contingente ainda à procura de rumos", *O Jornal*, 28 jul. 1961, p. 3.
50. Pierre Ostiguy, "Populism: A Socio-Cultural Approach". In: Cristóbal Rovira Kaltwasser, Paul A. Taggart, Paulina Ochoa Espejo, Pierre Ostiguy (Orgs.), *The Oxford Handbook of Populism*. Oxford: Oxford University Press, 2017, p. 73-97; Benjamin Moffitt, *Populism*. Medford: Polity, 2020; Théo Aiolfi, "Populism as a Transgressive Style". *Global Studies Quarterly*, v. 2, n. 1, 2022, pp. 1-12.
51. Hélio Jaguaribe, citado em Maria Victoria Benevides, A UDN e o udenismo, op. cit., p. 113.
52. Essa mudança de estratégia é brevemente descrita em "Os indecisos vão decidir as eleições em São Paulo", *O Jornal*, 23 set. 1962, p. 7.
53. Adhemar de Barros, entrevistado em "Adhemar: sou candidato irreversível", *Manchete*, 14 dez. 1963, p. 122. Ver também Regina Sampaio, op. cit., p. 102.
54. Paulo Francis, "Informa e comenta", *Última Hora*, 29 out. 1963, p. 5.
55. Hélio Jaguaribe, "Que é ademarismo?", *Cadernos do Nosso Tempo*, v. 2, 1954, p. 141.
56. Ibid., p. 145.
57. Ibid., p. 143; José Ortega y Gasset, *La rebelión de las masas*. Madri: Revista de Occidente, 1929.
58. Karl Marx, *The Eighteenth Brumaire of Louis Bonaparte*. In: *Marx and Engels Collected Works*. Londres: Lawrence & Wishart, 1979, v. 11, pp. 110, 129.
59. Antonio Gramsci, *Selections from the Prison Notebooks*. Nova York: International Publishers, 1971, p. 276.
60. Ernesto Geisel, transcrito em "Geisel fala da revolução à cúpula militar e civil", *Jornal do Brasil*, 1º abr. 1978, p. 9.
61. Fernando Henrique Cardoso, *Ideias e seu lugar: Ensaios sobre teoria do desenvolvimento*. Petrópolis: Vozes, 1980.

62. Id., "Educação: Maior realização social", *Manchete*, 30 dez. 1995, p. 98.
63. Id., citado em "Cardoso quer justiça social", *Jornal do Brasil*, 19 jun. 1977, p. 8.
64. Francisco Weffort, *O populismo na política brasileira*. Rio de Janeiro: Paz e Terra, 1978, pp. 71, 75.
65. Ibid., pp. 60-1.
66. Celso Furtado, *Dialética do Desenvolvimento*. Rio de Janeiro: Fundo de Cultura, 1964, pp. 86-7.
67. Fernando Henrique Cardoso, entrevistado em Sérgio Fausto e Bernardo Sorj, "O sociólogo e o político". In: Maria Angela D'Incao, Hermínio Martins (Orgs.), *Democracia, crise e reforma: Estudos sobre a era Fernando Henrique Cardoso*. São Paulo: Paz e Terra, 2010, p. 44.
68. Id., "A trajetória de um intelectual", *Revista Leia*, nov. 1985, pp. 29-33.
69. Maria Victória Benevides, "Ai que saudade do MDB!". *Lua Nova: Revista de Cultura e Política*, v. 3, n. 1, 1986, pp. 27-34.
70. "Brizola se oferece ao Rio como oposicionista autêntico", *Jornal do Brasil*, 15 abr. 1982, p. 4.
71. Daniel Aarão Reis, "O colapso do colapso do populismo". In: Jorge Luiz Ferreira (Org.), *O populismo e sua história: Debate e crítica*. Rio de Janeiro: Civilização Brasileira, 2000, p. 375.
72. Hélio Jaguaribe, "O que é o brizolismo?", *Jornal do Brasil*, 10 nov. 1986, p. 11.
73. André Franco Montoro, citado em "O show dos prefeitáveis", *Manchete*, 24 ago. 1985, p. 14.
74. Luiz Inácio Lula da Silva, entrevistado em "Lula e o PT sem compromissos com o passado", *Tribuna da Imprensa*, 12 fev. 1980, p. 5. Ver também Fernando Pedreira, "À sombra da Copa", 20 jun. 1982, p. 11.
75. Informe publicitário de Leonel Brizola, "O último trem de Sarney", *Jornal do Brasil*, 1 nov. 1987, p. 7.
76. Paulo Francis, "O macaco vestido de Leguleio", *Tribuna da Imprensa*, 9 jul. 1987, p. 8.
77. Fernando Pedreira, "Os cara-pálidas", *Jornal do Brasil*, 10 set. 1989, p. 12.
78. "Serra ataca e diz que país pode virar Venezuela se Lula vencer", *Folha de S.Paulo*, 11 out. 2002, p. E1.
79. "Os herdeiros do populismo", *Jornal do Brasil*, 14 out. 2002, p. A2.

80. "'Lula é melhor que Chávez', afirma Serra", *Folha de S.Paulo*, 13 abr. 2002, p. A17.
81. Tales Ab'Sáber, entrevistado em "Discursos de Lula são sintoma de governo", *Folha de S.Paulo*, 7 fev. 2005, p. A6.
82. Marilena Chaui, "A mudança a caminho", *Folha de S.Paulo*, 3 nov. 2002, p. A3. Ver também, na mesma edição, "Intelectuais veem Lula como 'antimessias'", Ibid., p. A13. Devemos ressaltar que parte da dificuldade para a entrada dos trabalhos de Laclau no Brasil se deve à hostilidade de Chaui em relação a esse autor e ao populismo, como apresentado por ela em "Sobre o populismo no Brasil", *Colóquio Internacional Claude Lefort*, Universidade de São Paulo, 16 out. 2015.
83. Vladimir Safatle, *Só mais um esforço*. São Paulo: Três Estrelas, 2017.
84. Tales Ab'Sáber. *Lulismo: Carisma pop e cultura anticrítica*. São Paulo: Hedra, 2011.
85. André Singer, *Os sentidos do lulismo: Reforma gradual e pacto conservador*. São Paulo: Companhia das Letras, 2012, pp. 33, 42. Para um dos raros momentos em que Singer associa diretamente lulismo e populismo, ver sua entrevista "Os descamisados de Lula", *O Estado de S. Paulo*, 24 jan. 2010, p. J3. Para uma discussão sobre os motivos pelos quais ele evita associar lulismo e populismo, ver também Daniel de Mendonça, "Por que não seria o 'lulismo' populista?". In: Léo Peixoto Rodrigues, Daniel de Mendonça, Bianca Linhares (Orgs.), *Ernesto Laclau e seu legado transdisciplinar*. São Paulo: Intermeios, 2017, pp. 41-6.
86. Fernando Henrique Cardoso, citado em "FHC diz que 'desaparecimento' do PT abriria caminho para populismo", *Folha de S.Paulo*, 29 ago. 2005, p. A8.
87. "Para petistas, Lula deve evitar apelo populista", *Folha de S.Paulo*, 7 ago. 2005, p. A8.
88. "Enquanto a crise se agrava, o presidente vai para o divã", *O Estado de S. Paulo*, 7 ago. 2005, p. A12.
89. "Lula evoca Vargas e critica elites de novo", *Folha de S.Paulo*, 5 ago. 2005, p. A10. Ver também André Singer, "A história e seus ardis", *Folha de S.Paulo*, seç. Ilustríssima, 19 set. 2010, p. 4.
90. Dora Kramer, "Cultura cívica", *O Estado de S. Paulo*, 3 set. 2006, p. A6.
91. Francisco Weffort, entrevistado em "Lula é o Adhemar de Barros do momento", *Folha de S.Paulo*, 10 set. 2006, p. A8. Outro intelectual

que acusou Lula de ser populista por combinar conciliação de classes e corrupção foi Ruy Fausto, no que ademais foi uma pesada crítica ao apoio de Marilena Chaui ao líder petista. Ruy Fausto, *Caminhos da esquerda: Elementos para uma reconstrução*. São Paulo: Companhia das Letras, 2017, pp. 29-39.

92. Fernando Henrique Cardoso, "Para onde vamos?", *O Estado de S. Paulo*, 1º nov. 2009, p. A2.
93. "Golpista que mia", *Folha de S.Paulo*, 21 abr. 2020, p. A2; Sergio Fernando Moro, "Contra o populismo", *O Globo*, 3 jun. 2020, p. 3.
94. Octavio Ianni, *O colapso do populismo no Brasil*. Rio de Janeiro: Civilização Brasileira, 1968.
95. Márcio Moreira Alves, "A tentação do populismo", *Jornal do Brasil*, 8 ago. 1990, p. 11; Luiz Carlos Bresser-Pereira, "Populismo inviável", *O Estado de S. Paulo*, 3 jan. 1993, p. 2; Leonel Brizola, "A tentação do populismo" [informe publicitário], *Jornal do Brasil*, 12 dez. 1993, p. 5; Ciro Gomes, "Uma hipótese", *Jornal do Brasil*, 29 abr. 1999, p. 9.
96. "A guinada populista de Temer", *Veja*, 22 fev. 2018, p. 1.
97. Francisco de Assis Chateaubriand, "A solidariedade democrática", op. cit., p. 2.
98. "Consciência do estatismo", *Jornal do Brasil*, 27 dez. 1972, p. 6; João Paulo dos Reis Velloso, entrevistado em "Esperamos que não haja radicalização", *Jornal do Brasil*, 8 out. 1978, p. 2.
99. Paris Aslanidis, *The Red Herring of Economic Populism*. In: Michael Oswald (Org.), *The Palgrave Handbook of Populism*. Cham: Palgrave, 2022, p. 248; Marcelo Diamand, "La estructura productiva desequilibrada argentina y el tipo de cambio". *Desarrollo Económico*, v. 12, n. 45, 1972, pp. 25-47.
100. Joelmir Beting, "Inconstância", *Jornal do Commercio*, 2 jul. 1977, p. 20.
101. Rüdiger Dornbusch e Sebastián Edwards, "Macroeconomic populism in Latin America". *NBER Working Paper*, n. 2986, 1989; Jeffrey Sachs, "Social conflict and populist policies in Latin America". *NBER Working Paper*, n. 2897, 1989.
102. Luiz Carlos Bresser-Pereira (Org.), *Populismo econômico: Ortodoxia, desenvolvimento e populismo na América Latina*. São Paulo: Nobel, 1991.
103. "Roberto Campos pede na ESG um governo forte com reconciliação", *Jornal do Brasil*, 10 jun. 1970, p. 3.

104. "Plena desarmonia", *Folha de S.Paulo*, 11 dez. 2005, p. A2.
105. Dora Kramer, "Herança populista", *O Estado de S. Paulo*, 23 dez. 2006, p. A6; "O que Lula fez e o que não fará", *Folha de S.Paulo*, 7 ago. 2008, p. A2.
106. "Altos e baixos da campanha na TV". *Folha de S.Paulo*, 30 out. 2010, p. E10.
107. "O custo do populismo tarifário", *O Estado de S. Paulo*, 7 jul. 2013, p. A3; "O governo repete seus erros", *Veja*, 13 abr. 2016, pp. 70-2; "O populismo é sedutor, porém nefasto", *O Estado de S. Paulo*, 27 maio 2016, p. B2.
108. "Planos sociais", *Folha de S.Paulo*, 9 jun. 2021, p. A2.
109. "A Petrobras real e a Petrobras populista", *O Estado de S. Paulo*, 5 maio 2022, p. A3.
110. Fernando Henrique Cardoso, entrevistado em Sérgio Fausto e Bernardo Sorj, op. cit., p. 44.
111. Ernesto Laclau, *New Reflections on the Revolution of Our Time*. Londres: Verso, 1990, pp. 7, 9; Id., *On Populist Reason*. Londres: Verso, 2005, p. 84.
112. Ibid., pp. 84-85.
113. Uma versão anterior desse argumento foi desenvolvida em Miguel Lago, "Batalhadores do Brasil…", *piauí*, n. 176, maio 2021, pp. 17-9.

LULA E BOLSONARO SÃO REALMENTE POPULISTAS? [pp. 85-135]

1. Chantal Mouffe, "Ce que Pierre Rosanvallon ne comprend pas", *Le Monde Diplomatique*, n. 794, 2020, p. 3. Sobre as diferenças entre os diversos tipos de populismo, ver também Thomás Zicman de Barros, "Populism: Symptom or Sublimation? Reassessing the Use of Psychoanalytic Metaphors". *Psychoanalysis, Culture & Society*, 26 abr. 2022.
2. David Howarth, *Discourse*. Buckingham: Open University Press, 2000.
3. Claude Lefort, "La question de la démocratie". In: *Essais sur le politique, XIXe – XXe siècles*. Paris: Seuil, 1986, pp. 17-30.
4. A ideia de que o populismo seria intrinsecamente moralista, da qual discordamos, é defendida por Cas Mudde em "The Populist Zeitgeist". *Government and Opposition*, v. 39, n. 4, 2004, pp. 542–63.
5. Chantal Mouffe, *Agonistics: Thinking the World Politically*. Londres: Verso, 2013.

6. Paolo Gerbaudo, *The Mask and the Flag: Populism, Citizenism and Global Protest*. Londres : Hurst & Company, 2017, pp. 7-8.
7. Jacques Rancière, *Le partage du sensible: Esthétique et politique*. Paris: La Fabrique, 2000.
8. Donald Trump, citado em Platon Antoniou, "Brief But Spetacular". *PBS NewsHour*, 7 abr. 2017.
9. Hannah Arendt, *The Origins of Totalitarianism*, op. cit., pp. 107-8, 155.
10. Pierre Rosanvallon, *La contre-démocratie: La politique à l'âge de la défiance*. Paris: Seuil, 2006; Id., *La légitimité démocratique: Impartialité, réflexivité, proximité*. Paris: Seuil, 2008.
11. Para um exemplo de discurso antipopulista, ver também Nadia Urbinati, *Me the People: How Populism Transforms Democracy*. Cambridge: Harvard University Press, 2019.
12. Hannah Arendt, *The Human Condition*. Chicago: The University of Chicago Press, 1998, p. 237. Ver também Myriam Revault d'Allonnes, *Le Pouvoir des commencements: Essai sur l'autorité*. Paris: Seuil, 2006, p. 55.
13. Paolo Gerbaudo, op. cit., p. 135. Ver também Miguel Lago, "Procura-se um presidente", *piauí*, n. 152, mai 2019.
14. Chantal Mouffe, *For a Left Populism*. Londres: Verso, 2018, p. 18.
15. Ernesto Laclau, "Argentina: Anotaciones preliminares sobre los umbrales de la política". *Debates y Combates*, n. 5, p. 7-18, 2013.
16. Nina Santos, *Social Media Logics: Visibility and Mediation in the 2013 Brazilian Protests*. Londres: Palgrave, 2022 (no prelo).
17. Judith Butler, *Precarious Life: The Powers of Mourning and Violence*. Londres: Verso, 2004, p. 29.
18. Claude Lefort, op. cit., p. 29.
19. Karl Marx e Friedrich Engels, *The Communist Manifesto*. In: *Marx and Engels Collected Works*. Londres: Lawrence & Wishart, 1976, v. 6, p. 487.
20. A transcrição da fala de Bolsonaro pode ser encontrada em "PT entrará com ações contra Bolsonaro por incitar violência", *Folha de S.Paulo*, 23 out. 2018, p. A8.
21. Patrícia Campos Mello, *A máquina do ódio: Notas de uma repórter sobre fake news e violência digital*. São Paulo: Companhia das Letras, 2020.
22. Sobre como o "povo" pode incluir empresários e se opor aos que vi-

vem às custas do governo, ver também Stuart Hall, *The Hard Road to Renewal: Thatcherism and the Crisis of the Left*. Londres: Verso, 1988; Ernesto Laclau, *On Populist Reason*, op. cit., p. 79.

23. Segundo Olavo de Carvalho, a crise da modernidade teria começado na disputa entre o rei da França, Felipe, o Belo, com o papa Bonifácio VIII, pela primazia do poder dos reis sobre o poder da Igreja. Olavo de Carvalho, *O Jardim das Aflições*. Campinas: Vide Editorial, 1998, pp. 290-300.
24. Como ele declararia em suas redes sociais digitais, em meio a vários palavrões: "Podem me chamar de populista o quanto queiram. Sou mesmo, assumido e orgulhoso". Id., Facebook, 29 set. 2017. Anteriormente, ele já havia escrito: "Não adianta me chamar de populista, porque eu sou mesmo". Ibid, 14 mar. 2017.
25. Id., "Do marxismo cultural", *O Globo*, 8 jun. 2002, p. 7.
26. Andrew Arato, "Political Theology and Populism", *Social Research: An International Quarterly*, v. 80, n. 1, 2013, pp. 143-72.
27. "PT vai ao STF contra Bolsonaro por vídeo em que ele defende 'fuzilar a petralhada'", *Folha de S.Paulo*, 4 set. 2018, p. A11.
28. "PT entrará com ações contra Bolsonaro por incitar violência", op. cit., p. A8.
29. "Avanço contínuo nas despesas corrompeu o país", *O Estado de S. Paulo*, 3 jan. 2019, p. B3.
30. Miguel Lago, "Batalhadores do Brasil…", op. cit., pp. 16-7.
31. A autoria dessa frase é atribuída a Bertolt Brecht, Pablo Neruda e muitos outros, sem que tenhamos conseguido identificar a fonte original. O discurso de Lula foi transcrito em "Bom humor de petista resiste às situações mais difíceis", *Folha de S.Paulo*, 8 abr. 2018, p. A11.
32. Roberto Marinho confirmou o apoio do Grupo Globo ao golpe de 1964 em um editorial intitulado "Julgamento da Revolução", *O Globo*, 7 out. 1984, p. 1. O grupo se retrataria pouco antes dos cinquenta anos da derrubada de João Goulart, com o editorial "Apoio editorial ao golpe de 64 foi um erro", *O Globo*, 31 ago. 2013.
33. Luiz Inácio Lula da Silva, citado em "Petista diz que 'lamentavelmente' nasceu pobre", *Folha de S.Paulo*, 7 nov. 2006, p. A4.
34. André Singer, *Os sentidos do lulismo*, op. cit., p. 90.
35. Alain Badiou, *Saint Paul: La Fondation de l'universalisme*. Paris: Puf, 2015.

36. "Chapa Lula-Alckmin acena ao centro e apela à união de 'forças políticas'", *O Estado de S. Paulo*, 8 maio 2022, p. A8.
37. Hannah Arendt, *The Origins of Totalitarianism*, op. cit., pp. 107-8, 155.
38. Vladimir Safatle, *O circuito dos afetos: Corpos políticos, desamparo e o fim do indivíduo*. São Paulo: Cosac Naify, 2015, p. 107.
39. Chantal Mouffe, *For a Left Populism*, op. cit., p. 45.
40. Seongcheol Kim, *Discourse, hegemony, and populism in the Visegrád Four*. Nova York: Routledge, 2022; Cas Mudde, *The Far Right Today*. Medford: Polity, 2019, pp. 126-8.
41. Francisco Weffort, citado em "Lula é o Adhemar de Barros do momento". op. cit., p. A8.
42. Sérgio Abranches, "Presidencialismo de coalizão: O dilema institucional brasileiro", *Dados: Revista de Ciências Sociais*, Rio de Janeiro, v. 31, n. 1, pp. 5-32, 1988; Id., *Presidencialismo de coalizão: Raízes e evolução do modelo político brasileiro*. São Paulo: Companhia das Letras, 2018.
43. "Salles sugere aproveitar pandemia para 'passar a boiada'", *O Globo*, 23 maio 2020, p. 12.
44. "Para fechar STF, bastam cabo e soldado, diz filho de Bolsonaro", *Folha de S.Paulo*, 22 out. 2018, p. A8.

ESTA OBRA FOI COMPOSTA PELA SPRESS EM ELECTRA E IMPRESSA
EM OFSETE PELA GRÁFICA BARTIRA SOBRE PAPEL PÓLEN SOFT
DA SUZANO S.A. PARA A EDITORA SCHWARCZ EM SETEMBRO DE 2022

A marca FSC® é a garantia de que a madeira utilizada na fabricação do papel deste livro provém de florestas que foram gerenciadas de maneira ambientalmente correta, socialmente justa e economicamente viável, além de outras fontes de origem controlada.